학습자의 행동 스위치를 켜는 15가지 전략

강사 DNA

김순복 고유미 김규연 남유미 박현희
손예주 송미정 이온숙 이은주 임수진
임지혜 최미나 최여진 최효례 한강종

한국강사
교육진흥원
KOREA INSTRUCTOR TRAINING AGENCY

강사 DNA

1판 1쇄 인쇄 2025년 12월 15일
1판 1쇄 발행 2025년 12월 19일

발행인 김순복
기획 김순복
펴낸 곳 (주)한국강사교육진흥원
등록번호 제2024-000061호
주소 경기도 성남시 분당구 야탑로 8ㅣ번길 10, 511-1호
전화 1661-9636 / 010-9242-1701
홈페이지 https://trainingservice.modoo.at
e-mail kangsaedu1@naver.com
보급 및 유통 대경북스(02-485-1988)

ISBN 979-11-988738-7-3 03320

프 | 롤 | 로 | 그

지식은 멈추고, 행동은 시작된다.

"왜 그렇게 많은 것을 배웠는데도, 우리의 삶은 달라지지 않는가?"

이것은 강의하는 당신의 깊은 한숨이자, 변화를 꿈꾸는 모든 학습자의 해묵은 질문입니다. 우리는 수많은 지식과 정보의 홍수 속에서 살고 있지만, 정작 그 지식이 '실천'으로, '습관'으로, '성공적인 결과'로 이어지는 경우는 왜 이리도 드물까요?

강의실의 열기는 뜨겁게 달아올랐다가도, 문을 나서는 순간 차갑게 식어버리는 현실. 이 책은 바로 그 '행동하지 않는 앎'의 딜레마를 영원히 끝내기 위해 탄생했습니다.

이것은 강사론이나 교육 철학서가 아닙니다.

이 책은 대한민국 교육 현장의 최전선에서, 수많은 학습자의 멈춰 있던 삶을 기어이 움직이게 만든 15인의 강력한 '강사 DNA'를 담고 있습니다. 그들이 수없이 실패하고, 끊임없이 연구하며 찾아낸, '지식을 행동으로 바꾸는 15가지 비밀 전략'이 이 한 권에 응축되어 있습니다.

평범함을 거부하는 15인의 DNA를 이식 받으십시오.

우리는 한 명의 천재 강사가 아닌, 각자의 분야에서 독보적인 성과를 내고 있는 15인의 전문가를 한자리에 모았습니다.

마음을 여는 DNA (파트 1): 어떻게 학습자의 굳게 닫힌 마음을 열고, 강의에 몰입하게 만들 것인가?

지식을 행동으로 바꾸는 DNA (파트 2): 어떻게 들은 내용을 '나의 것'으로 만들고, 현장에서 즉시 적용하게 만들 것인가?

성장을 지속시키는 DNA (파트 3): 강의가 끝난 후에도 배움의 불씨를 꺼뜨리지 않고, 그것을 '영구적인' 습관'으로 정착시킬 것인가?

중장년층을 움직이는 코칭의 기술부터, 마음을 치유하는 미술치료, AI 시대의 부모 마인드셋, 그리고 고객의 만족도를 1도 올리는 병원 CS 전략에 이르기까지. 15인의 강사들은 각자의 전문 분야에서 '행동 스위치'를 켜는 가장 강력하고 구체적인 방법론을 제시합니다.

이제 당신의 차례입니다.

이 책을 통해 당신은 더 이상 '좋은 강의'를 하는 것에 머물지 않을 것입니다. 학습자의 삶 자체를 변화시키는 '위대한 설계자'가 될 것입니다. 강의를 듣는 순간의 감동을 넘어, 그들의 인생을 영원히 바꿀 실천의 엔진을 장착하게 될 것입니다.

    망설이지 마십시오. 책을 펼치는 순간, 당신의 DNA는 재설계될 것입니다.

    이 책은 당신의 강의에 생명을 불어넣고, 당신의 학습자들을 멈춰있던 자리에서 일으켜 세울 가장 강력한 무기가 될 것입니다.

    강사 DNA, 지금 바로 행동의 첫 페이지를 열어보십시오.

한국강사교육진흥원 출판부

차/례

중장년 강사 양성편

김 순 복

상담학 박사/ 한국강사교육진흥원 원장

가천대 명강사 최고위명강사과정 책임교수

한국청소년지도학회 감사/센터장

한국강사신문 기자 / 칼럼니스트

강의실에서 "이렇게 하면 망합니다."를 용기 있게 재연해 보는 순간, 청중은 웃고, 배우고, 절대 잊지 않는다. 3분을 설명 2분, 실습 1분 피드백의 리듬으로 흐름을 잡으면, 참여는 자연스레 폭발한다. '가르치려는 사람'에서 '함께 배우는 사람'으로 태도를 전환하는 순간, 세대의 벽은 사라지고 신뢰가 자란다. 무엇보다도, 나이가 핸디캡이 아니라 경험의 총합으로 소개하는 60초가 당신의 첫인상을 완전히 바꾼다.

이 책은 바로 그 장면들을 설계하는 안내서다. 실패를 자산으로, 경험을 콘텐츠로, 태도를 전략으로 바꾸는 구체적인 방법을 한 장 한 장에 실었다. 읽고 나면, 다음 강의의 첫 15분을 새롭게 디자인하고 싶어질 것이다. 그리고 그 15분은 당신의 강의 인생을 바꿀지도 모른다. 지금, 당신의 이야기가 가장 강력한 교육 도구가 되는 길로 함께 걸어가 보길 추천한다.

파트 1.
마음을 여는 DNA: 첫 15분이 승부다

나이는 숫자일 뿐, 경험은 보물이다

강의실 문을 열고 들어서는 순간, 중장년 예비 강사들의 시선에서 나는 늘 같은 것을 읽어낸다. '과연 내가 할 수 있을까?' 하는 의구심과 '이미 늦은 건 아닐까?' 하는 불안감이다. 20년 가까이 이런 분들을 만나오면서 깨달은 것이 있다. 이분들에게 필요한 것은 기술적인 강의법이 아니라, 자신의 가치를 재발견하는 시간이다.

얼마 전만 해도 그런 일이 있었다. 52세 박 강사가 처음 교실에 들어올 때의 모습이 생생하다. 어깨는 움츠리고, 시선은 바닥만 향하고 있었다. "요즘 시대에 저 같은 사람이 강사를 할 수 있을까요?"라고 물으며 자신 없어 했다. 하지만 두 시간 후, 그는 완전히 다른 사람이 되어 있었다. 자신의 25년 회사에서의 경험담을 열정적으로 나누며, 눈빛도 살아있었다.

강의 첫 시간, 나는 항상 이런 질문으로 시작한다. "지금까지 살아오면서 가장 기억에 남는 실패 경험이 무엇인가요?" 처음엔 모두들 당황한다. 성공 사례를 물어보지 않고 왜 실패를 묻느냐는 표정이다. 하지만 이 질문이야말로 중장년 강사 후보생들의 마음을 여는 가장 확실한 열쇠다.

왜 실패를 먼저 묻는가? 이유는 간단하다. 중장년층은 이미 충분히 많은 성공을 경험했다. 그런 성공담은 자랑처럼 들릴 수 있다. 하지만 실패담은 다르다. 진정성이 묻어나고, 듣는 이의 마음을 움직인다. 무엇보다 실패를 통해 얻은 교훈은 어떤 이론보다도 강력한 학습 도구가 된다.

실제로 이 질문을 던지고 나면 강의실 분위기가 완전히 바뀐다. 처음엔 어색했던 수강생들이 서로의 이야기에 공감하며 자연스럽게 어울린다. 나이가 많다고 주눅 들었던 마음도 사라진다. "아, 우리 모두 비슷한 경험을 했구나."라는 동질감이 형성되기 때문이다.

실패담이 곧 차별화의 무기다

유모 씨(69세)는 30년간 중소기업을 운영하다가 부도를 경험했다. 처음엔 이를 숨기고 싶어 했지만, 결국 이 경험이 그의 가장 큰 강점이 되었다. 창업 강의에서 그가 들려주는 실패담은 어떤 이론서보다도 생생하고 설득력 있다. 수강생들은 그의 이야기에 빠져들고, 자연스럽게 신뢰를 쌓아간다.

유 씨의 이야기를 좀 더 자세히 들여다보자. 그는 직원 20명 규모의 자동차 부품업체를 운영했다. IMF 때 큰 손실을 입었지만, 버텼고 견뎌냈다. 하지만 코로나가 닥쳤을 때는 달랐다. 주문량이 70%나 줄어들었고, 결국 부도를 선택할 수밖에 없었다.

처음 창업 강의를 할 때 유 씨는 이 부분을 건드리지 않으려 했다. "실패한 사람이 어떻게 창업을 가르치느냐"라는 시선이 두려웠기 때문이다. 하지만 나는 오히려 이 경험을 적극 활용하라고 조언했다. 결과는 놀라웠다. 수강생들은 그의 진솔한 실패담에 더욱 집중했고, 질문도 쏟아졌다.

"선생님, 그때 직원들에게는 어떻게 말씀하셨나요?", "빚은 어떻게 정리하셨어요?", "가족들 반응은 어땠나요?" 이런 질문들은 성공담에서는 절대 나오지 않는다. 실패담이기에 가능한 것들이다. 그리고 이런 질문에 대한 유 씨의 답변은 어떤 경영학 교과서보다도 실용적이고 가슴에 와닿는다.

중장년 강사들의 첫 번째 DNA는 바로 이것이다. 자신의 상처와 실패를 솔직하게 드러내는 용기 말이다. 젊은 강사들이 가질 수 없는, 오직 나이를 먹어야만 얻을 수 있는 깊이와 진정성이다.

또 다른 사례를 들어보자. 이모 씨(49세)는 20년간 대기업에서 인사업무를 담당했지만, 구조조정으로 명예퇴직을 했다. 처음엔 이를 부끄러워했지만, 지금은 이 경험이 그의 가장 큰 자산이 되었다. 구직자 대상 면접 교육에서 그가 들려주는 "기업에서 바라는 진짜 인재상"은 현직 인사담당자도 감탄할 정도다.

첫인상 리셋하기: 60초의 기적

"안녕하세요, 저는 올해 55세인 새내기 강사입니다." 이렇게 시작하는 강사와 "안녕하세요, 저는 30년간 현장에서 구른 베테랑 실무자입니다." 라고 시작하는 강사 중 누가 더 매력적일까? 답은 명확하다.

나이를 핸디캡으로 생각하는 순간, 수강생들도 그렇게 인식한다. 하지만 나이를 경험의 축적으로 포장하는 순간, 그것은 가장 큰 경쟁력이 된다. 첫 자기소개에서부터 이 원칙을 적용해야 한다.

실제로 내가 지도한 수강생들의 자기소개 변화 과정을 보면 흥미롭다. 처음엔 대부분 이렇게 시작한다. "안녕하세요. 저는…. 음…. 나이가 좀 있지만…." 이런 식으로 변명부터 늘어놓는다. 하지만 몇 번의 연습을 거치면 완전히 달라진다.

정모 씨(56세)의 경우를 보자. 처음 자기소개는 이랬다. "안녕하세요. 저는 올해 56세이고…. 다른 분들보다 나이가 많아서 좀 민망하지만…." 전형적인 위축된 시작이었다. 하지만 리허설을 거친 후 그의 자기소개는 이렇게 바뀌었다.

"안녕하세요. 저는 32년간 건설 현장에서 일하면서 100억 원 규모의 프로젝트를 20여 개 완성한 정○○입니다. 오늘 여러분과 함께 '실패 없는 프로젝트 관리법'에 대해 나누고 싶습니다."라고. 같은 사람이지만 완전히 다른 인상을 준다. 나이는 그대로인데 오히려 신뢰감과 전문성이 느껴진다. 이것이 바로 프레이밍의 힘이다.

더 구체적인 팁을 주자면, 자기소개에서 나이 대신 경력 연수를 말하는 것이 좋다. "저는 55세입니다" 대신 "저는 30년 경력의 전문가입니다"라고 하면 훨씬 강한 임팩트를 준다. 또한 구체적인 숫자를 활용하는 것도 효과적이다. "많은 경험"이라는 막연한 표현보다는 "500명의 직원 관리 경험", "50억 원 매출 달성 경험"처럼 구체적으로 제시하면 더욱 설득력이 있다.

세대 간 소통의 다리 놓기

40대, 50대 강사들이 가장 어려워하는 부분이 2030 세대와의 소통이다. "요즘 젊은이들은 이해할 수 없어."라는 말로 거리를 두는 순간, 강사로서의 생명은 끝난다.

대신 이렇게 접근해 보자. "여러분이 사용하는 앱 중에서 가장 유용한 것 하나씩 알려주세요. 저도 배워보겠습니다." 배우려는 자세를 보이는 순간, 나이 차이는 오히려 매력이 된다. 젊은 수강생들은 자신들이 선생님을 가르칠 수 있다는 뿌듯함을 느끼고, 강사에 대한 호감도는 급상승한다.

얼마 전 있었던 일이다. 50세 최 부장이 진행하는 영업 교육에 20대 신입사원들이 참석했다. 처음엔 서로 어색한 분위기였다. 최 부장은 "요즘 젊은 친구들과 어떻게 소통해야 할지 모르겠다."라고 고민했고, 젊은 직원들도 "꼰대 스타일 교육이겠지."라며 미리 마음의 벽을 쌓고 있었다. 하지만 최 부장이 강의 시작과 함께 던진 한마디가 분위기를 완전히 바꿨다.

"여러분, 저는 카카오톡 말고는 다른 메신저를 잘 모릅니다. 요즘 젊은 분들이 주로 사용하는 소통 도구가 뭔지 좀 가르쳐주세요."

그 순간 젊은 직원들의 표정이 달라졌다. 디스코드, 슬랙, 텔레그램 등을 설명해 주기 시작했고, 최 부장은 진지하게 메모하며 질문했다. "아, 그러면 이런 도구들을 영업에 어떻게 활용할 수 있을까요?" 이렇게 물어보니 젊은 직원들이 오히려 적극적으로 아이디어를 제시했다.

이 과정에서 놀라운 일이 일어났다. 세대 간의 벽이 허물어지면서 서로 배우는 분위기가 만들어진 것이다. 최 부장은 젊은 세대의 디지털 감각을 배웠고, 젊은 직원들은 그의 30년 영업 노하우를 흡수했다. 결국 이 교육은 회사 역사상 가장 만족도 높은 교육으로 평가받았다.

이런 접근법의 핵심은 '가르치려 하지 말고 함께 배우자.'는 자세다. 중장년 강사가 젊은 세대에게 일방적으로 지식을 전달하려고 하면 거부감을 불러일으킨다. 하지만 서로 다른 강점을 인정하고 교환하려는 자세를 보이면 오히려 존경받는다.

또 하나 중요한 것은 젊은 세대의 언어를 무리해서 따라 하려 하지 말라는 점이다. 50대가 "대박", "쩐다" 같은 표현을 쓰면 오히려 어색하다. 대신 자신만의 언어로 진정성 있게 소통하되, 그들의 관심사와 문화를 이해하려는 노력을 보여주는 것이 훨씬 효과적이다.

실제로 내가 만난 성공한 중장년 강사들의 공통점이 바로 이것이다. 젊은 세대를 이해하려는 열린 마음과 배우려는 자세를 가지고 있다는 점이다. 나이 차이를 벽이 아닌 다리로 만드는 능력, 이것이야말로 중장년 강사만의 특별한 매력이다.

지식을 행동으로 바꾸는 DNA:
현장감이 답이다

이론보다 강한 것은 체험담이다.

중장년 강사들의 가장 큰 장점은 풍부한 현장 경험이다. 하지만 이를 제대로 활용하지 못하는 경우가 많다. 단순히 "제가 경험해 보니까"라고 시작하는 것으로는 부족하다. 수강생들이 직접 체험할 수 있도록 설계해야 한다.

예를 들어, 영업 교육을 한다면 "영업의 3단계는 접근-제안-성사입니다"라고 설명하는 대신, 실제 영업 상황을 재현해 보자. "지금부터 여러분은 모두 고객입니다. 제가 20년 전 신입사원 시절 저지른 실수를 그대로 재현해 보겠습니다. 어디서 잘못됐는지 찾아보세요."

지난달 진행한 세일즈 교육에서 실제로 이런 일이 있었다. 25년 영업 경력의 한 과장이 강사 교육을 받으며 고민했다. "이론적인 설명만 하면 지루할 텐데, 어떻게 하면 좋을까요?" 그래서 제안한 것이 바로 '실패 재연'이었다.

그는 강의에서 자신이 신입사원 때 했던 최악의 영업 시나리오를 연기했다. 고객에게 무례하게 굴고, 상대방 말은 듣지 않고 일방적으로 제품 설명만 늘어놓는 모습을 그대로 재현했다. 수강생들은 처음엔 당황했지만, 곧 웃음이 터졌고 동시에 "저런 실수는 하면 안 되겠다."라는 교훈을 얻었다.

이런 방식의 장점은 명확하다. 첫째, 기억에 오래 남는다. 단순한 설명보다 실제 연기를 본 것은 쉽게 잊혀지지 않는다. 둘째, 안전하게 실수를 경험할 수 있다. 실제 고객 앞에서 실패하면 손해가 크지만, 교육장에서는 그저 학습일 뿐이다. 셋째, 강사에 대한 친밀감이 높아진다. 자신의 흑역사를 공개하는 강사를 보면 거리감이 줄어든다.

또 다른 사례로 제조업 품질관리 강의를 하는 김 부장의 이야기가 있다. 그는 30년간 현장에서 겪은 품질 사고들을 직접 시연한다. "이렇게 검사하면 불량품이 나갑니다."라며 실제로 잘못된 검사 방법을 보여준 후, 수강생들에게 문제점을 찾게 한다. 이론으로만 설명했다면 10분이면 끝날 내용을 1시간 동안 체험하게 만들면서도 지루하지 않다.

실습 설계의 황금공식: 3-2-1 법칙

중장년 강사들을 위한 실습 설계 공식이 있다. 3분 설명, 2분 실습, 1분 피드백이다. 길게 설명하지 않는다. 짧고 굵게 핵심만 전달한 후, 바로 해 보게 한다. 그리고 즉시 피드백을 준다.

이 공식이 효과적인 이유는 중장년 강사들의 특성과 정확히 맞아떨어지기 때문이다. 오랜 경험으로 핵심을 간파하는 능력이 뛰어나고, 실무에서 단련된 판단력으로 정확한 피드백을 줄 수 있다.

실제로 이 3-2-1 법칙을 적용한 전후를 비교해 보자. 48세 박 차장은 처음 교육할 때 15분간 설명하고 5분간 실습을 시켰다. 수강생들은 중간에 집중력을 잃었고, 실습 시간이 짧아 제대로 체득하지 못했다. 하지만 3-2-1 법칙을 적용한 후에는 완전히 달라졌다.

"프레젠테이션에서 가장 중요한 것은 첫 30초입니다. 이 시간에 청중의 마음을 사로잡지 못하면 나머지는 의미가 없어요." (3분 설명), "자, 이제 각자 30초짜리 오프닝을 만들어서 옆 사람에게 발표해 보세요." (2분 실습), "방금 들으신 발표 중에서 가장 인상적이었던 부분 하나씩만 말해 보세요." (1분 피드백)

이렇게 진행하니 수강생들의 참여도가 급격히 높아졌다. 무엇보다 박 차장 자신도 가르치는 재미를 느끼기 시작했다. "아, 이렇게 하니까 훨씬 쉽고 재미있네요. 학생들 반응도 좋고요."

이 공식의 핵심은 '완벽한 설명'에 대한 욕심을 버리는 것이다. 중장년 강사들은 오랜 경험 때문에 모든 것을 다 가르치려 한다. 하지만 그보다는 핵심 하나를 확실하게 체득하게 하는 것이 훨씬 효과적이다.

3-2-1 법칙을 성공적으로 적용하려면 몇 가지 주의점이 있다. 첫째, 3분 설명은 정말 3분을 지켜야 한다. 스마트폰 타이머를 켜두고 시간을 측정하라. 둘째, 실습은 반드시 구체적이어야 한다. "생각해 보세요."가 아니라 "써보세요.", "말해보세요.", "해보세요."처럼 행동으로 옮길 수 있는 것이어야 한다. 셋째, 피드백은 격려 위주로 하되, 핵심적인 개선점 하나는 반드시 짚어줘야 한다.

실패 시뮬레이션의 위력

젊은 강사들은 성공 사례를 주로 다룬다. 하지만 중장년 강사는 다르다. 실패 사례야말로 우리의 전문 분야다. 실패를 미리 체험하게 하는 시뮬레이션을 설계해 보자.

"이렇게 하면 망합니다. 한번 해보세요." 이런 접근법은 젊은 강사들이 절대 시도할 수 없는 중장년 강사만의 특권이다. 실패를 안전한 환경에서 미리 경험한 수강생들은 실제 상황에서 같은 실수를 반복하지 않는다.

실패 시뮬레이션의 대가는 52세 이 상무다. 그는 30년간 구매팀장으로 일하면서 수없이 많은 협상을 경험했다. 그중에는 참혹한 실패도 많았다. 특히 한 대형 프로젝트에서 10억 원의 손실을 낸 경험은 그에게 뼈아픈 교훈이 되었다.

이제 그는 구매 협상 교육에서 이 실패 경험을 적극 활용한다.

"제가 10억 원을 날린 그 협상을 여러분과 함께 재현해 보겠습니다. 저는 그때의 저 역할을, 여러분은 상대방 역할을 해주세요. 그리고 제가 어디서 실수했는지 찾아보세요."

실제로 그 협상을 재연하면 수강생들은 곧바로 문제점을 발견한다. "상무님, 너무 급하게 결론을 내리려고 하시네요.", "상대방 제안을 충분히 검토하지 않고 바로 답하시는 것 같아요.", "감정적으로 대응하시는 부분이 있는 것 같아요." 이런 지적을 받으면 이 상무는 활짝 웃으며 말한다. "맞습니다. 바로 그런 실수들 때문에 10억 원을 잃었어요. 여러분은 절대 저와 같은 실수를 하지 마세요." 이때 수강생들의 집중도는 최고조에 달한다. 실제 10억 원이 걸린 실화이기 때문이다.

실패 시뮬레이션을 설계할 때 중요한 포인트가 있다. 첫째, 실패의 원인이 명확해야 한다. "운이 없어서 실패했다."라는 식의 모호한 실패는 교육 효과가 없다. 둘째, 실패로 인한 구체적인 피해가 있어야 한다. 단순한 부끄러움이 아니라 실질적인 손실이 있었던 경험이어야 파급력이 크다. 셋째, 실패 후 어떻게 극복했는지까지 보여줘야 한다. 실패만 보여주고 끝나면 절망감만 준다.

멘토링과 코칭의 절묘한 조화

중장년 강사의 두 번째 DNA는 멘토링과 코칭을 동시에 할 수 있는 능력이다. 젊은 강사들은 코칭에 집중하지만, 우리는 인생 선배로서의 멘토링까지 제공할 수 있다.

"이 문제의 해결책을 찾아보세요.(코칭)"와 "제가 비슷한 상황에서 어떻게 극복했는지 말씀드릴게요.(멘토링)"를 적절히 섞어 진행하면, 수강생들은 인생의 지혜까지 얻어간다.

이런 조화를 잘 보여주는 사례가 있다. 56세 조 이사는 인사관리 교육을 진행하는데, 한 수강생이 이런 질문을 했다. "팀원 중에 나이가 저보다 많은 사람이 있어서 관리하기가 어려워요. 어떻게 해야 할까요?"

일반적인 코칭 방식이라면 "어떤 부분이 가장 어려우신가요?", "그 상황에서 어떤 방법들을 시도해 보셨나요?"와 같은 질문을 통해 스스로 답을 찾게 할 것이다. 하지만 조 이사는 다르게 접근했다.

먼저 코칭 질문으로 시작했다. "그분과 일할 때 가장 어려운 순간이 언제인가요?" 수강생이 구체적인 상황을 설명하자, 이번에는 멘토링으로 전환했다. "아, 저도 20년 전에 똑같은 경험을 했어요. 제게는 15년 선배인

분이 팀원으로 들어오셨거든요."

그리고 자신의 경험담을 들려주었다. 처음에는 그 선배를 어떻게 대해
야 할지 몰라 어색했지만, 결국 "일에서는 제가 리더이지만, 인생에서는
선배님이 제 스승"이라는 마음가짐을 갖게 되었다는 이야기였다. 그 후 다
시 코칭으로 돌아와서 "제 경험을 바탕으로 생각해 보시면, 어떤 접근 방
법이 좋을 것 같나요?"라고 물어봤다.

이런 방식의 장점은 명확하다. 수강생은 자신만의 답을 찾는 과정^(코칭)
과 검증된 경험^(멘토링)을 동시에 얻을 수 있다. 젊은 강사라면 코칭 질문만
할 수밖에 없지만, 중장년 강사는 자신의 경험이라는 강력한 무기를 추가
로 활용할 수 있다.

하지만 이런 조화를 위해서는 타이밍이 중요하다. 처음부터 자신의 경
험담을 늘어놓으면 '꼰대'가 된다. 반드시 상대방의 상황을 충분히 들은
후에 관련된 경험을 나누어야 한다. 또한 "제 방법이 정답"이라는 식으로
강요하지 말고, "이런 경험도 있으니 참고해 보세요."라는 정도의 여유를
보여야 한다.

실제로 성공하는 중장년 강사들의 멘토링-코칭 비율을 분석해 보면 흥
미로운 패턴이 나타난다. 강의 초반에는 코칭 70%, 멘토링 30% 정도로
시작해서, 점차 멘토링의 비중을 높여간다. 수강생들과 신뢰 관계가 형성
된 후에야 자신의 경험담이 효과를 발휘하기 때문이다.

파트 3.
성장을 지속시키는 DNA:
관계가 곧 교육이다

강의 후가 진짜 시작이다.

젊은 강사들은 강의가 끝나면 관계도 끝이라고 생각한다. 하지만 중장년 강사는 다르다. 강의 후가 진짜 시작이다. 이것이 우리만의 세 번째 DNA다.

강의 마지막 날, 나는 항상 이렇게 말한다. "오늘로 강의는 끝나지만, 우리의 인연은 계속됩니다. 궁금한 일이 생기면 언제든 연락하세요."라며 전화번호를 마지막에 공개한다. 평범한 인사말 같지만, 이것이야말로 중장년 강사의 가장 큰 경쟁력이다.

요즘 강사들은 카톡방을 만들어 소통한다. 하지만 얼마나 지속될까?

대부분 몇 달 지나면 유명무실해진다. 중장년 강사는 다른 방식으로 접근해야 한다.

정기 모임을 제안하자. "매월 셋째 주 토요일 오전, 근처 카페에서 만나 서로 근황을 나누면 어떨까요?" 온라인보다는 오프라인, 단발성보다는 지속성에 집중하는 것이 중장년 강사의 강점이다.

20명의 수강생이 있다면 20가지 다른 사후관리가 필요하다. 이것이 중장년 강사만이 할 수 있는 차별화된 서비스다.

A씨는 실행력이 부족하니 주간 체크리스트를 만들어 주고, B씨는 동기부여가 필요하니 성공 사례를 지속적으로 공유한다. C씨는 혼자서는 어려우니 동료를 연결해 준다. 이런 세심한 배려는 오직 인생 경험이 풍부한 중장년 강사만이 제공할 수 있다.

젊은 강사들은 재수강률을 높이려고 한다. 하지만 중장년 강사는 재 만남을 높여야 한다. 같은 강의를 또 듣는 것이 아니라, 더 깊고 발전된 내용으로 다시 만나는 것이다.

"6개월 후 여러분의 성장한 모습을 확인하는 자리를 만들겠습니다." 이런 약속을 하고 실제로 지키는 강사가 얼마나 될까? 중장년 강사의 신뢰성과 지속성이야말로 다른 강사들이 따라올 수 없는 영역이다.

마지막으로, 중장년 강사만이 할 수 있는 가장 아름다운 일이 있다. 제자가 스승을 넘어서는 순간을 진심으로 축하할 수 있다는 것이다. 젊은 강사들은 때로 경쟁의식을 느끼지만, 우리는 다르다. "당신이 저보다 더 훌륭해졌네요. 자랑스럽습니다." 이런 말을 진심으로 할 수 있는 것이 중장년 강사의 품격이고 강사로서의 바른 인품이다. 제자가 스승을 넘어서면 그것은 강사의 가장 큰 보람이다.

지금 당장 시작하라

나이는 핸디캡이 아니라 보물창고다.

20년 가까이 중장년 강사들을 지켜보며 확신하게 된 것이 있다. 나이는 결코 약점이 아니라 가장 큰 강점이라는 것이다. 젊은 강사들이 부러워할 만한 것들을 우리는 이미 가지고 있다.

첫째, 진정성이다. 더 이상 허세를 부릴 필요가 없다. 있는 그대로의 모습으로도 충분히 매력적이다.

둘째, 깊이다. 표면적인 지식이 아닌, 체험을 통해 체득한 지혜가 있다.

셋째, 여유다. 성과에 목매지 않고 진정으로 수강생의 성장을 바라볼 수 있다.

바로 이것부터 시도해 보라

이 글을 읽은 당신에게 **세 가지 구체적인 과제**를 준다.

첫 번째, 실패담 한 편을 완성하라. 지난 30년간의 가장 큰 실패 경험을 5분짜리 스토리로 만들어 보자. 교훈이 들어있는 실패담 하나면 당신의 강의는 이미 차별화된다.

두 번째, 3-2-1 법칙으로 15분짜리 미니 강의를 설계하라. 3분 설명, 2분 실습, 1분 피드백으로 구성된 완벽한 모듈을 하나 만들어 보자. 이것이 당신만의 강의 스타일이 될 것이다.

세 번째, 첫 번째 수강생을 찾아라. 가족이든 친구든 동료든 상관없다. 당신의 경험과 지식이 필요한 사람 한 명을 찾아 무료로라도 가르쳐 보자. 강사로서의 첫걸음은 거창한 무대가 아니라 작은 실천에서 시작된다.

중장년에 강사가 된다는 것은 인생의 새로운 장을 여는 것이다. 두렵고 설렐 수 있다. 하지만 기억하라. 당신에게는 이미 충분한 자격과 능력이 있다. 부족한 것은 기술이 아니라 용기다.

첫 강의를 앞둔 당신에게 20년 선배로서 이 말을 전한다. "완벽하지 않아도 된다. 진정성 있게만 하면 된다." 당신의 인생 경험 자체가 이미 누군가에게는 값진 교과서이기 때문이다.

지금 당장, 오늘부터 시작하라. 중장년 강사로서의 새로운 인생이 당신을 기다리고 있다.

건강한 삶을 디자인하는 메디컬코칭

고 유 미

메디컬코칭센터 대표
한국강사교육진흥원 교육운영국장
산업안전보건교육강사
한국중앙교육센터 인증강사

어렵게만 느껴지던 건강관리가 내 삶이 되는 순간, 청중의 눈은 빛나고, 변화를 꿈꾼다. 바쁜 직장인도 할 수 있는 '하루 10분 틈새 운동전략'이면 건강 습관의 변화는 자연스레 시작된다. 강의하는 사람에서 '함께 건강한 삶을 디자인하는 메디컬코치'로 전환하는 순간 학습자는 변화의 에너지가 샘솟는다. 복잡한 의학 지식을 '내 삶에 필요한 정보'로 압축하는 강의가 학습자의 태도를 바꾼다.

이 글은 바로 그 변화의 순간들을 이끌어내는 안내서다. 건강에 대한 잘못된 정보를 이해로, 지식을 지혜로, 건강에 대한 불안을 건강한 기대로 바꾸는 방법을 담았다. 오늘도 숙제처럼 다이어트를 하고 있는가? 큰돈을 내고도 헬스장어 가지 않은 스스로를 자책하고 있는가? 많은 시간과 비용을 들이지 않고도 스스로의 힘으로 건강관리를 잘할 수 있는 방법들이 담겨있다. 지금, 이이야기가 당신이 건강한 삶을 축제처럼 즐기는 첫걸음이 되길 바란다.

파트 1.
마음을 여는 DNA:
공감의 씨앗을 심어라

산업안전보건교육 현장에서 학습자들을 만날 때마다 한 가지 질문을 던진다. '과연 이 교육이 참여자의 삶에 어떤 변화를 가져다줄 수 있을까?' 강의실에 들어서는 학습자들의 얼굴에는 기대감보다는 피로가 더 진하게 묻어나는 경우가 많다. 이들의 마음을 여는 것은 강사에게 주어진 가장 중요한 숙제이다. 지식 전달에 앞서 강사는 진정성 있는 소통으로 학습자들의 닫힌 마음의 문을 열어야 한다.

산업안전보건교육은 산업 현장에서 발생할 수 있는 사고와 질병을 예방하고, 근로자들이 건강하고 안전하게 일할 수 있는 환경을 조성하기 위해 근로자에게 실시하는 법정 의무교육이다. 이는 사업장의 안전 문화와 근로자의 생명, 그리고 건강을 지키는 가장 기본적인 토대이다. 나는 이 교육을 통해 근로자들이 자신의 몸과 작업 환경의 위험 요소를 인지하고, 올바른 대처 방법을 습득하여 건강을 지키는 데 집중한다.

산업안전보건교육은 지루하고 재미없는 교육이라는 인식을 가지고 있는 사람들도 많다. 그래서 나는 이 강의가 숙제가 아닌 '축제'처럼 즐겁고 활력 넘치는 시간으로 만들어 나가고자 애썼다. 교육 현장이 '축제'처럼 느껴지려면 강사 혼자만 신이 나서서는 안 된다. 학습자 한 사람 한 사람이 능동적인 축제 참여자가 되어야 한다. 나는 이 참여를 끌어내기 위해 다양한 장치들을 활용한다.

나 또한 간호사 시절의 경험이나, 메디컬코치로서 다양한 사람들을 만나며 겪었던 이야기들을 솔직하게 나누며, 지식을 전달하는 강사가 아닌 그들과 함께 고민하는 건강 동반자임을 강조한다. 이처럼 공감으로 마음의 문을 여는 것이야말로 진정한 '축제'의 시작이다.

1. 강의는 강의 10분 전부터 시작된다.

근골격계질환 강의를 시작하기 전에 10분씩 일찍 와서 앉아있는 분들이 있다. 대부분 이런 경우 고개를 푹 숙이고 스마트폰을 보고 있다. 이때 근골격계질환 예방과 관련된 영상을 틀어주거나, 오늘 근골격계 운동 실습에서 함께 할 운동 동작을 미리 볼 수 있도록 틀어준다. 이렇게 하면 미리 도착한 사람들의 시간도 교육의 시간으로 활용할 수 있다.

2. 퀴즈와 함께하는 강의

'대한민국 국민이 1년간 근골격계질환 관리에 사용하는 비용은 얼마일까요?' '1:29:300 이 숫자가 의미하는 바가 무엇일까요?' '일주일에 60~100시간에 해당하는 시간은 무엇일까요?' 정답을 맞힌 사람에게는 박수와 함께 건강 관련 작은 소품을 선물하여 동기를 부여한다. 건강 관련 소품으로 나는 긴 풍선을 선물하는데, 대부분 학습자는 풍선을 불어서 강아지를 만들려고 한다. 하지만 나의 풍선은 강아지 만드는 용도가 아니다.

긴 풍선은 스트레칭 밴드 대용으로 근골격계질환을 예방하는 아주 좋은 도구가 된다. 나는 100개짜리 한 셋트씩 사서 필요한 사람들에게 선물하고 동작을 알려준다. 선물을 받은 사람은 그 자리에서 두 팔을 뻗어서 앞뒤로 어깨 가동성 운동을 하는데, 잘하는 사람은 박수를 받고 잘 안되는 사람은 몸 개그를 하는 것처럼 보여서 동료들의 웃음을 자아내기도 한다. 이러한 활동들은 학습자들이 지루할 틈을 주지 않으며, 즐겁게 지식을 습득하게 한다.

3. 건강을 위한 실천다짐 시간

강의 종료 10분을 남겨두고 '건강 약속'을 발표하는 시간을 가진다. 예를 들어, '50분 업무 후 10분 스트레칭 하기', '계단 오르기 하루 20분' '점심 식사 후 20분 산책하기' 등 일상에서 바로 실천할 수 있는 구체적인 약속을 세우게 한다. 자신들이 직접 세운 약속은 실행으로 이어질 확률이 훨씬 높다. 서로의 약속을 공유하고 응원하는 과정은 공동체 의식을 강화하고, 교육 후에도 건강 습관을 꾸준히 이어갈 수 있는 동기가 된다.

4. 학습자가 스스로 답을 찾는 코칭형 강의: '당신의 몸값은 얼마입니까?'

강의를 시작하며, 나는 '당신의 몸값은 얼마입니까?'라고 질문을 던진다. 여러분에게 건강이란 무엇입니까? 그리고 지금 여러분의 건강을 위해 가장 필요한 것은 무엇이라고 생각하십니까?" 이 질문을 통해 학습자 스스로가 자신의 삶과 연결 짓는 의미 있는 시간이 된다.

5. 마음을 여는 스토리텔링 강의

학습자의 마음을 여는 가장 강력한 도구는 바로 강사의 '진정성 있는 경험담'이다. 나는 간호사로서 18년간 임상 현장에서 수많은 환자를 돌보며 느꼈던 생생한 이야기들, 그리고 메디컬코치로 겪었던 개인적인 건강 위기와 이를 극복했던 경험을 공유한다. 무릎 꿇고 주사 놓는 일을 많이 하고 장거리 운전을 많이 해서 젊은 날에 무릎관절염을 얻었던 나의 경험과 목디스크 증상으로 목이 돌아가지 않았던 경험, 골반이 삐걱거려서 걷지 못했던 경험을 솔직하게 털어놓는다.

이렇게 강사가 솔직한 모습을 보이면, 학습자들은 '나도 그런 증상 때문에 힘들어요.' 하면서 고개를 끄덕인다. 나 역시 한때 스트레스와 운동 부족으로 몸이 망가지는 것을 경험하며, 건강의 소중함을 뼈저리게 느꼈다는 고백을 전한다. 근골격계질환의 정의와 원인을 설명하기 전에, 근골격계질환으로 병가 혹은 퇴사한 사례를 소개한다. 허리디스크로 30대 젊은 나이에 퇴사한 동료, 40대에 어깨 석회화건염으로 수술했던 선배, 무릎 수술을 앞두고 수술을 수술 대신 운동을 선택한 60대 여성의 사례를 소개하며 경각심을 갖게 한다.

그리고 해외에 거주하면서 물리치료나 도수치료를 받을 수가 없어서 1:1 온라인 운동코칭 수업으로 건강을 회복한 50대 여성의 사례도 소개한다. 해외에 거주하는 56세 여성 지혜씨는 갱년기 이후 살이 급격히 찌면서 체중이 70kg까지 불어났다. 체중 관리가 되지 않자 무릎, 허리 관절에도 과부하가 걸려 근골격계 통증이 심해졌다. 오래 앉아있으면 허리가 아프고 목 어깨가 결리는 증상이 심했다. 한국이면 도수치료나 물리치료 등의 도움을 받을 수 있지만 해외에서는 의료비용이 너무나 비싸기 때문에 그럴 수가 없어서 참고 지낸다고 했다.

줌 온라인 수업으로 SNPE 도구 활용법과 운동법을 알려주고 매일 할 수 있도록 과제를 내주었다. 그리고 앉아있는 시간을 절반으로 줄이도록 했다. 나도 하루에 4시간 이상 앉아있으면 허리가 아프다. 그래서 집에서 일할 때 스탠딩 책상을 사용한다. 서서 일하는 것만으로 하체 근력 강화에 도움이 되고 한 발 서기, 까치발 운동, 서서 스트레칭 하기 등으로 수시로 몸을 움직이면서 일한다. 내가 실제로 근골격계질환 예방을 위해 사용하고 있는 방법들을 소개해 주었다.

만약 8시간 앉아서 해야 하는 일이 있다면 1시간은 앉아서 일하고 1시간은 서서 일하고 번갈아 가면서 자세를 바꿔주어서 4시간은 앉은 자세, 4시간은 서 있는 자세로 배분하여, 디스크가 받는 압력을 최소화한다. 내가 일상에서 근골격계질환 예방을 위해 실천하고 있는 것들을 소개한다. 매일 운동과제를 내주고 운동 인증 사진을 보내도록 한다. 운동 코칭 기간 동안 코칭과 피드백, 응원과 지지를 보내며 건강 목표에 도달할 수 있도록 돕는 것이 바로 메디컬 코치의 역할이다. 코로나가 심할 때 체육관과 헬스장이 모두 문을 닫고, 사람들은 '확찐자'가 되어가던 시절, 온라인으로 1:1 운동 코칭을 했던 경험들이 현재 산업안전보건교육 현장에서 빛을 내고 있다.

파트 2.

지식을 행동으로 바꾸는 DNA: '앎'이 '삶'이 되도록 하라

학습자들의 마음을 여는 데 성공했다면, 다음 단계는 교육을 통해 전달된 지식이 '행동'으로 이어지도록 만드는 것이다. 산업안전보건교육에서 지식은 건강과 직결되는 만큼, 그들의 행동 변화를 이끌어내는 것이 강사의 핵심 DNA이다. 작은 성공 경험을 통해 학습자들이 변화의 물꼬를 트고, 그 변화가 삶 속에 자연스럽게 스며들도록 이끈다.

"강사님 강의는 어쩜 이렇게 시간이 빨리 가죠? 산업안전보건교육에서는 핸드폰을 보거나 꾸벅꾸벅 조는 분도 많은데, 오늘은 다들 너무 즐겁게 참여하셨네요. 내년에 또 뵙겠습니다!"

"요즘 저희 회사에 엘리베이터 타는 사람이 거의 없어요. 다들 계단으로 다니는데, 회사에서도 운동할 수 있어서 좋대요. 너무 감사합니다."

강의가 끝나고 교육담당자가 한 말이다. 강의를 마치고 받는 학습자들의 활짝 웃는 얼굴과 진심 어린 후기만큼 강사에게 보람을 주는 것은 없다.

나는 간호사로서 18년간 암 환자를 간호하며 임상 현장을 지키고, 이후 메디컬코치로 활동하여 기업 현장에서 건강의 가치를 전파해 왔다. 특히 생명과 직결되는 건강교육은 듣고 끝나는 것이 아니라 삶 속에 스며들게 하는 것이 가장 중요하다.

그래서 나는 감히 선언한다. 산업안전보건교육을 '숙제'처럼 느끼지 말고, 함께 즐기는 '축제'처럼 만들자고 말이다. 강사가 단순히 정보를 쏟아내는 사람이 아니라, 학습자들이 건강의 기쁨을 몸소 느끼고 실천하게 만드는 '축제 기획자'가 되어야 한다고 믿는다.

나의 강의는 그래서 다르다. 노래와 운동, 체조가 함께하고, 유쾌한 에너지가 넘쳐흐른다. 지루하게 앉아서 듣는 것이 아니라, 함께 몸을 움직이고 웃으며 '나의 건강'을 스스로 디자인해 나가는 축제의 장이다. 지금부터 그 비밀을 여러분과 함께 나누고자 한다.

기업에서 근골격계질환 예방 교육은 보통 1시간 정도 진행한다. 30분 이론교육을 하고 30분은 운동 실습을 한다. 스트레칭 밴드를 활용한 스트레칭과 근력운동을 하는데, 신나는 음악에 맞춰서 운동하면 근골격계질환에도 도움이 되는데, 스트레스도 해소되어서 더 좋다고 했다.

　요즘 만나는 사람마다 목어깨 통증, 허리 통증을 호소하고 있다. 스마트폰과 PC 사용 시간이 점점 늘어나는 현대인의 삶속에서 근골격계질환은 남의 이야기가 아니라, 우리 모두의 이야기이기도 하다. 강의 현장에서 "어떤 운동을 하고 계시나요?"라고 질문하면, 다양한 대답들이 나온다. "숨쉬기 운동만 해요.", "걷기운동 해요." "수영, 요가, 필라테스해요." "저는 클라이밍해요." 그 중에 가장 가슴 아픈 대답, "강사님, 매일 야근해서 시간이 없어요, 하루 14시간 일하고, 야근하고 집에 가면 밤 11시인데 어떻게 운동을 해요?"라는 대답이다.

　사실 그렇다. 현대인의 삶에서 헬스장을 끊어놓고도 못 가고 PT를 끊어놓고도 야근하다가 못가는 경우가 허다하다. 정말 안타깝지만, 이는 현대인의 슬픈 자화상이다. 헬스장에 거금을 들여 등록하고, 비싼 PT까지 끊었지만, 밤늦은 야근과 피로 앞에 계획은 물거품이 되는 경우가 허다하다. 이러한 현실 속에서 우리는 건강을 포기해야만 하는 것일까?

　절대 그렇지 않다. 나는 바쁜 직장인들의 고충을 누구보다 잘 이해한다. 나도 하루 3번의 끼니를 거르고 허리 한번 펴지 못하고 퇴근했던 적이 있다. 집에 가면 밥을 할 힘도 없고 운동을 할 힘도 없고 가족과 대화를 나눌 힘도 없었다. 그렇게 아주 오랜 세월을 살다가 결국 몸이 '끼이익~' 소리를 내며 브레이크를 밟은 적이 있다. 더 이상 일할 수 없는 몸이 되어서 멈춰 섰다. 우리 몸이 자동차라면 엑셀과 브레이크를 밟을 때를 아는 지혜가 필요하다. 몸이 하는 말을 잘 들어야 한다.

나의 지난 19년간의 경험과 수많은 메디컬코칭을 통해 얻은 확실한 답은 이것이다. 건강을 위한 시간은 '만드는 것'이지 '없는 것'이 아니다. 즉, '특별한 시간'을 할애하지 않아도, 일상생활 속 '틈새'를 활용하면 충분히 건강을 디자인할 수 있다. 우리가 흔히 무심코 보내는 자투리 시간을 건강을 선물하는 시간으로 바꾸는 지혜가 필요한 것이다. 바쁜 현실 속에서 어떻게 해야 할까? 많은 직장인이 '일이 줄어야만 운동할 시간이 생긴다.'라는 식이다. 하지만 건강관리는 거창한 정비 시간을 내야 하는 것이 아니다. 일상 속 작은 틈새를 활용하여 내 몸을 최적의 상태로 유지하는 방법이다.

지금 당장 여러분의 일상에서 실천할 수 있는 현실적이고 실용적인 '틈새 운동전략'을 제안한다. 하루 10분이라도 꾸준히 몸을 움직이는 습관이 쌓여 뇌 심혈관 질환과 만성질환의 위험을 낮추고, 근골격계 통증에서 벗어나 활력 넘치는 삶을 선사할 것이라 확신한다. 지금부터 바쁜 직장인도 쉽게 따라 할 수 있는 '하루 10분 운동법'을 소개한다.

첫째, 굳건한 하체를 만드는 '벽 스쿼트': 코어와 심장의 힘을 깨우다

우리의 몸에서 가장 큰 근육 중 하나가 하체 근육이다. 하체 근육이 튼튼하면 전신 혈액순환이 원활해지고, 기초대사량이 높아져 만성질환 예방에 큰 도움을 준다. 벽 스쿼트는 의자에 앉듯 벽에 기대어 하는 운동으로, 무릎에 가해지는 부담이 적어 운동 초보자도 쉽게 따라 할 수 있다.

60~90대 어르신 대상으로 시니어 건강 교실을 4주간 운영한 적이 있다. 하루에 2시간씩 근력운동과 유산소 운동을 하고 에어로빅, 요가하는

어르신들은 또래보다 10~20년 젊어 보였다. 100세 시대, 우리가 기존에 알고 있던 72세, 할머니, 할아버지를 연상하면 오산이다. 그들은 젊은이에게 건강의 메시지를 전하는 훌륭한 멘토이다.

시니어들과 벽스쿼트를 실습하는 시간, 벽에 모두 등을 붙이고 하체와 엉덩이에 힘을 주며 버티는 시간 1분, 1분 사이 '아이고야~ 힘들다~' 하며 곡소리가 나왔고, '우와~이거 생각보다 운동이 되네'라고 말했다. 72살이지만, 50대 같아 보였던 분이 가장 이 수업의 에이스였는데, 스쿼트를 능숙하게 하는 폼이 놀라워서 여쭤보니, "저는 스쿼트 매일 100개씩 하고 있어요."라고 말했다.

벽 스쿼트를 통해 하체 근육을 강화하면 칼로리 소모와 전신 혈액순환이 촉진되어 혈압 조절에 효과적이다. 하루 14분간 벽스쿼트를 하면 혈압을 낮추는 효과가 있다. 특히 오래 앉아있어 하체로 몰린 혈액을 효과적으로 심장으로 올려보내 뇌졸중이나 심근경색 같은 뇌 심혈관 질환의 위험을 낮출 수 있다. 또한 근육량이 증가하면 인슐린 저항성이 개선되어 혈당 관리에 유리하다.

벽에 등을 대고 선다. 발은 어깨너비로 벌리고, 발뒤꿈치는 벽에서 약 30cm 정도 떨어진다. 숨을 내쉬면서 천천히 무릎을 구부려 허벅지가 바닥과 수평이 될 때까지 몸을 낮춘다. 마치 투명 의자에 앉는 자세를 취하는 것과 같다. 등과 머리, 엉덩이가 벽에 완전히 밀착된 상태로 30초간 유지한다. 이때 무릎이 발끝보다 앞으로 나가지 않도록 주의한다. 숨을 들이

쉬면서 천천히 시작 자세로 돌아온다. 잠시 휴식 후 이 과정을 2~3회 반복한다.

둘째, 틈새 건강 지킴이 '까치발 운동': 종아리는 '제2의 심장'이다.

　종아리 근육은 '제2의 심장'이라고 불린다. 중력 때문에 하체로 쏠리는 혈액을 심장으로 다시 밀어 올리는 중요한 역할을 하기 때문이다. 까치발 운동은 이 종아리 근육을 강화하여 혈액순환을 원활하게 하고, 혈관 건강을 증진시킨다. 혈액순환 개선은 혈전 형성 위험을 낮추고, 동맥경화 등 뇌 심혈관 질환 예방에 기여한다. 또한 혈액순환이 원활해지면 신진대사가 활발해져 만성질환 예방에도 긍정적인 영향을 준다.

　까치발 운동은 서 있는 자세에서 발뒤꿈치를 들어 올리는 아주 간단한 동작이다. 특별한 장비나 공간이 필요 없어 사무실, 지하철, 집안 어디에서나 틈틈이 할 수 있는 매우 효과적인 운동이다. 종아리 근육 강화는 발목의 안정성을 높여 발목 부상 위험을 줄인다. 또한 서 있는 자세에서 균형 감각을 향상시키고, 발바닥 아치를 지지하는 근육에도 영향을 주어 족저근막염 등 발 관련 질환 예방에도 도움을 준다.

　방법은 다음과 같다. 양 발을 어깨너비로 벌리고 바르게 선다. 필요하다면 벽이나 의자를 잡고 선다. 숨을 내쉬면서 발뒤꿈치를 최대한 높이 들어 올린다. 마치 까치발을 하듯 종아리 근육의 수축을 느낀다. 가장 높이 올라간 상태에서 잠시 1~2초간 멈춘다. 발뒤꿈치가 바닥에 완전히 닿기 직전까지 내리는 것이 운동 효과를 높인다. 이 동작을 10~15회 반복하여

1세트를 구성하고, 총 2~3세트 실시한다.

셋째, 생활 속 활력 충전 '계단 오르기'

엘리베이터나 에스컬레이터 대신 계단을 선택하는 작은 변화는 우리의 몸에 놀라운 활력을 불어넣는다. 계단 오르기는 훌륭한 유산소 운동이자 하체 근력운동이다. 계단 오르기는 심폐 기능을 강화하는 대표적인 유산소 운동이다. 심박수를 높여 혈액순환을 활발하게 하고, 심장을 튼튼하게 만들어 뇌 심혈관 질환의 위험을 크게 낮춘다.

꾸준한 계단 오르기는 체지방 감소와 근육량 증가에 도움을 주어 체중 관리에도 효과적이며, 이는 당뇨, 고혈압, 고지혈증 등 각종 만성질환 예방 및 관리에 필수이다. 나도 하체 근력 강화와 유산소 운동을 위해 계단 오르기 시작했고, 꾸준히 실천하며 효과를 경험했다. 실제 강의 중에 내가 계단 오르기 운동을 하는 영상을 보여준다. 백문이 불여일견, 백 번 듣는 것보다 한번 보는 것이 낫기에 강사로서 모범을 보이는 것이다.

넷째, 'SNPE 바른 자세 척추 운동': 척추가 바로서야 건강이 바로 선다.

SNPE(*Self Nature Posture Exercise*) 바른 자세 척추 운동은 스스로 척추를 바로잡고 근골격계 불균형을 해소하여 건강한 몸을 만드는 운동이다. 특히 자세 교정은 근골격계질환은 물론, 장기 기능 및 혈액순환에도 영향을 미쳐 전반적인 건강 증진에 기여한다.

SNPE 운동의 가장 직접적인 효과는 근골격계질환 예방 및 개선이다.

굽은 등, 거북목, 척추측만 등 잘못된 자세로 인한 불균형을 해소하고, 경직된 근육을 이완시키며 약화된 근육을 강화한다. 목, 어깨, 허리 통증을 완화하고, 디스크 질환 예방에도 탁월한 효과를 보인다. 자신의 몸 상태를 스스로 인지하고 교정하는 능력을 길러주어 근본적인 해결책을 제시한다.

다섯째, 스트레칭 밴드 300% 활용법

시중에 스트레칭 밴드를 활용한 운동 동작들은 많지만 의외로 그 활용법을 모르는 사람들이 많다. 일상에서 할 수 있는 방법을 안내한다. 연령, 성별, 개인 특성에 따라 할 수 있는 동작이 조금씩 다르다. 그래서 그에 맞는 운동 방법을 설계해 간다. 경쾌한 리듬에 몸을 맡기고 함께 웃으며 따라 하는 과정 자체가 스트레스 해소가 된다. 몸을 움직이는 활동은 뇌에 산소 공급을 늘려 집중력을 높이고, 엔도르핀 분비를 촉진하여 긍정적인 감정을 유발한다. 이는 곧 학습 효과의 증대로 이어진다. 체조가 끝나면 강의장에는 활력 넘치는 웃음소리와 함께, 몸이 개운해졌다는 만족감의 탄성이 터져 나온다.

이렇게 강의 현장에서 듣는 교육이 아니라 몸으로 체험하는 교육은 앎이 삶이 되도록 한다. 지식을 행동으로 바꾸는 DNA로 삶의 변화를 가져온 사례자가 있어 소개하고자 한다. 한 기업에서 만성질환 관리 교육을 5회기 진행했다. 첫 회기에는 키, 체중, 복부둘레, 혈압을 측정하여 메디컬 코칭 활동지에 적고, 나의 현재 건강문제, 건강을 위한 더하기, 건강을 위한 빼기, 올해의 건강 목표, 건강 실천 계획을 세워서 발표하는 시간을 가졌다.

　　그리고 그는 계획한 것들을 모두 실천에 옮겼다. '33층까지 엘리베이터 대신 계단을 이용하였고, 배달 음식을 주 7회에서 2회로 줄이며, 음주량도 1/5로 줄여서 체중 5kg을 감량하고 복부둘레도 5cm 줄어들었던 사례가 있다. 5주 만에 이러한 변화가 있다는 것이 정말 놀랍지 않은가? 사례는 바로 지식을 행동으로 바꾸어 삶을 어떻게 변화시켰는지 보여주는 대표적인 예시이다. 여러분도 지식을 행동으로 바꾸는 DNA를 통해 앎이 삶이 되도록 한다면 누구나 할 수 있다.

성장을 지속시키는 DNA:
건강한 삶을 디자인하는 메디컬코칭

운동은 근육량이 증가하고 체중이 감소하는 의미뿐만 아니라, 우리의 마음에도 기적 같은 변화를 가져다준다. 바쁜 일상에서 잠시 시간을 내어 벽 스쿼트 몇 번, 까치발 운동 몇 번을 하는 것이 과연 얼마나 큰 변화를 가져올 수 있을까? 의문을 품을 수도 있다. 하지만 우리 몸의 작은 움직임 하나하나가 내부의 거대한 시스템, 바로 '호르몬 균형'과 '정서 상태'에 엄청난 영향을 미친다.

몸을 움직이는 순간, 우리의 뇌에서는 '엔도르핀'이라는 호르몬이 분비된다. 이는 강력한 통증 완화 효과뿐만 아니라, 기분을 좋게 만들고 스트레스를 해소하는 '행복 호르몬'이다. 이 엔도르핀은 우리의 뇌를 자극하여 긍정적인 감정을 유발하고, 일상에서 쌓인 피로와 스트레스를 날려버리는 작은 활력제가 된다. 아침 일찍 일어나 운동을 하면 왠지 내가 좀 괜찮은 사람이 된 것 같고, 기분 좋은 아침을 시작할 수 있는 이유는 바로 엔도르핀 덕분이다.

운동은 기분 조절에 중요한 역할을 하는 신경전달물질인 세로토닌과 도파민의 분비를 촉진한다. 세로토닌은 행복감과 평온함을 느끼게 하고, 도파민은 보상과 동기 부여를 담당한다. 이 두 물질의 균형은 우울감과 불안감을 감소시키고, 매사에 의욕적인 태도를 유지하게 한다. 이 두 호르몬은 운동 후의 상쾌하고 긍정적인 기분을 형성하는 데 기여한다.

호르몬 균형과 육체적 피로감이 적절하게 조화를 이룰 때 우리는 더욱 깊고 질 좋은 수면을 취할 수 있다. 충분한 수면은 피로 회복은 물론, 다음 날의 컨디션과 기분, 그리고 집중력에도 결정적인 영향을 미친다. 틈새 운동은 우리의 수면 리듬을 정상화하고, 편안한 휴식을 선물한다. 결론적으로, 꾸준히 실천하는 틈새 운동은 육체 활동을 넘어, 우리 몸의 화학적 균형을 회복하고, 마음의 평화를 찾아주는 강력한 도구가 된다. 운동을 통한 호르몬의 밸런스를 통해서 꾸준한 운동이 가능하게 되고 건강한 삶을 디자인할 수 있게 된다.

나는 현장에서 아동 청소년, 성인, 시니어 등 다양한 연령대의 대상자에게 건강교육을 한 경험을 통해 이 사실을 깨달았다. 뇌 심혈관 질환, 만성질환, 근골격계질환 예방 교육에서 노래와 운동, 체조를 통해 학습자들이 활짝 웃으며 몸을 움직이는 모습을 볼 때마다, 나의 작은 노력이 그들의 삶에 건강한 씨앗을 심고 있다는 확신이 든다.

지난주 강의에는 매일 운동프로그램이 들어갔다. 보건소 60~90대 시니어 건강 교실에서 '나성에 가면' 노래를 틀고 신나게 근골격계질환 예방 운동을 했는데, 그중에 흥 부자인 75세 어르신이 마이크를 잡고 신나게 노래를 불렀다. 강사 손에 쥐어진 마이크가 청중에게 넘어가는 시간, 나는 들러리가 되고 그들은 주인공이 된다. 대학 축제에서 보던 그 장면, 강의 현장이 축제의 현장이 되었다.

기업 근골격계질환 예방 교육 현장에서 열정적인 노래에 맞춰서 단체로 칼군무같은 모습으로 운동을 했다. 기업 강의에서는 가장 노래를 잘하는 사람이 마이크를 잡았다. "내가 사랑한 그 모든 것을 다 잃는다 해도 그대를 포기할 순 없어요~~~!" 고음까지 멋지게 소화하는 가수와 함께 운동하는 임직원들, 함께 흘리는 땀방울 속에 조직문화가 더 단단해지고 건강해짐을 느낄 수 있었다. 서로 잘 안되는 동작이 있으면 웃으면서, 땀을 비오듯이 흘리면서 근골격계 통증과 함께 스트레스까지 날려버리는 시간을 가졌다.

보건소 장애인 비만 관리 교실에서 평소에 운동을 거의 하지 않고 먹을 것을 좋아하는 115kg에 육박하는 장애인 한 분이 신나게 운동하는 장면이 연출되었다. 이렇게 건강교육 현장에서 숙제 같았던 운동을 축제처럼 즐기고 있다.

건강한 삶을 위한 축제를 시작하라

'숙제처럼 살지 말고 축제처럼 살자!'는 그저 산업안전보건교육을 재미있게 만들자는 이야기가 아니다. 이는 우리의 삶 전체를 바라보는 태도에 대한 메시지이다. 오늘 이 책을 읽고, 여러분의 삶에서 '숙제'처럼 느껴지는 건강관리 영역은 무엇인지 찾아보라. 그리고 그 '숙제'를 '축제'로 바꿀 수 있는 아주 작은 시도를 하나 시작해 보라.

내일 아침, 출근길 지하철 안에서 혹은 점심시간에 식당 앞에서 긴 줄을 서야 할 때, 지하철이 안 온다고 식당 줄이 너무 길다고 화내지 말고 '까치발 운동'을 100번만 해보라. 그러면 더 이상 이 시간은 낭비하는 시간이 아니라 틈새 운동 시간이 된다. 심장도 건강해지고 무릎과 허리통증도 좋아진다.

엘리베이터 대신 계단을 이용하라. 매일 33층 계단 오르기를 하고 허리 통증이 완화되고 5kg 감량에 성공한 사례자처럼 여러분도 할 수 있다. 더 이상 '시간이 없다'라는 변명 뒤에 숨지 말자. 바쁜 일상에서도 충분히 건강을 지키고, 더 나아가 건강을 통해 삶의 활력을 되찾을 수 있다.

벽 스쿼트, 까치발 운동, 계단 오르기, SNPE 바른 자세 척추운동까지 하루 10분만 투자해도 질병을 예방하고 건강해질 수 있는 구체적인 방법들을 알아보았다. 이 운동들은 특별한 장비나 넓은 공간이 필요 없으며, 일상에서 얼마든지 할 수 있다. 하루 10분 운동이 여러분의 몸과 마음에 어떤 변화를 가져 오는지 느껴보라. 이 작은 실천들이 모여, 여러분의 삶 전체를 건강하고 활기찬 '축제'로 만들어갈 것이다. 건강한 삶, 지금 바로 축제처럼 시작하라!

어둠 속 눈물이 길이 되었다

김 규 연

한국강사교육진흥원 수석위원

육군에서 32년 근무 후 전역, 인사조직 박사 수료

아픔과 상처의 강을 건너며 얻은 깨달음으로 희망
과 행복의 길을 잇는 징검다리 강사

나는 군대에서 32년간 근무하며 많은 강의를 했다. 처음엔 교범 내용을 잘 정리해서 지식을 전달하는 것이 중요하다고 생각했다. 강의를 마치면, 많은 박수도 받았다. 그러나 청중의 행동과 삶의 변화를 촉진하지는 못했다. 그 이유는 내 강의가 청중의 귀에는 닿았지만, 그들의 마음을 두드리지 못했기 때문이었다.

이 책은 그 깨달음에서 비롯되었다. 강사가 반드시 품어야 할 세 가지 DNA

1. 마음을 여는 DNA : 청중은 완벽한 강사가 아니라, 진정한 강사를 원한다.
2. 지식을 행동으로 바꾸는 DNA : 머리에만 남는 지식은 사라지지만, 행동으로 이어진 지식은 사람을 바꾼다.
3. 강의 후에도 멈추지 않고 성장하는 DNA : 강사는 가르치면서 배우고, 강의가 끝난 뒤에도 성장해야 한다.

이것은 어떤 기법이나 이론이 아니다. 내가 실패와 눈물, 그리고 청중과의 만남 속에서 확인한 진실이다. 이제 이 책을 펼친 당신에게 묻고 싶다. 당신은 청중의 귀에만 남는 강의를 할 것인가, 아니면 청중의 삶을 변화시키는 강의를 할 것인가?

파트 1.
마음을 여는 강사 DNA:
완벽한 강사보다 진정한 강사가 되라

진정성이 강사의 첫 언어다

나는 강의를 지식 전달의 수단으로만 여겼다. 교관으로서 맡은 직책의 업무였을 뿐이었다. 그러나 어느 날, 내 삶을 뒤흔드는 실패와 눈물을 경험하면서 생각이 달라졌다. 그때 나는 완벽한 지휘관의 모습 뒤에 숨겨져 있던 약함을 처음으로 꺼내놓았다. 교육 현장에서 청중들에게 내가 겪은 실패와 절망의 이야기를 진솔하게 털어놓았다.

처음에는 두려움이 있었다. 강의란 주로 성공담을 가르쳐야 한다고 여겼기 때문이다. 하지만 청중의 반응은 전혀 달랐다. 그들은 내 이야기에 고개를 끄덕이며 더 집중했다. 어떤 교육생은 강의가 끝난 후 이렇게 말했다.

"오늘 들은 강의는 책에서 배울 수 없는 것이었습니다. 제 인생을 바꾸는 말씀이었습니다."

그 순간 나는 깊이 깨달았다. 내 눈물과 상처가 누군가에게는 길이 될 수 있다는 것을. 그 깨달음이 바로 내가 강사의 길로 들어선 계기다.

강의의 힘은 지식에서 나오지 않는다. 진정성에서 나온다. 청중은 완벽한 강사보다, 자신처럼 고민하고 실수하며 눈물 흘린 강사에게 더 마음을 연다. 강사가 자신의 진솔한 이야기를 숨기지 않고 나눌 때, 강의장은 지식 전달의 장을 넘어 공감과 울림의 공간으로 변한다.

따라서 강사로서 먼저 준비해야 할 것은 자신의 진정성을 드러내는 것이다. 청중은 PPT보다 강사의 눈빛을 먼저 본다. 화려한 이력이나 완벽한 태도보다, 강사의 솔직한 경험과 삶의 무게에 더 큰 신뢰를 준다. 진정성이 강사의 첫 언어가 될 때, 그 언어는 청중의 마음에 가장 깊이 새겨진다.

* 강의 기법
- 강의 시작 5분은 개인 경험담을 이야기한다.
- 자랑보다 실패와 배움을 중심으로 이야기한다.

* 적용 방법
- 강의 주제와 관련된 실패 경험 한 가지를 글로 적는다.
- 경험에서 배운 교훈을 1분 스토리로 정리해 발표하는 것을 연습한다.

공감의 언어로 마음을 두드리다.

강의는 말하는 사람이 중심이 아니라, 듣는 사람이 중심이 되어야 한다. 청중이 고개를 끄덕이며 "나도 저런 경험이 있어"라고 느끼는 순간, 비로소 강의는 살아난다.

내가 이를 실감한 것은, 군 생활 후반부였다. 장교들에게 '리더십과 책임'을 주제로 강의하던 중, 준비한 이론 대신 실수한 경험을 꺼냈다.

"한 부하 장교가 실수했을 때, 그를 차갑게 질책했고, 그 결과 그는 더 큰 두려움에 빠졌다. 그리고 나는 그 일로 오랫동안 괴로웠다."

그때, 강의장은 조용했다. 강의 후 한 장교가 찾아와 말했다.

"교관님도 그런 고민을 하셨군요. 저도 부하를 대할 때 비슷한 갈등을 느낍니다."

그 말에서 알 수 있었다. 공감은 지식의 공유가 아니라, 약점과 고민의 공유에서 시작된다는 것을.

* 강의 기법
- 강의 중간에 청중에게 질문한다.
- "여러분도 비슷한 경험 있으신가요?"
- "비슷한 고민을 해보신 적이 있나요?"
- 청중의 짧은 대답이라도 경청하고 존중하라. 그 순간 청중은 강의가 자기 이야기라고 느낀다.

* 적용 방법
- 내 강의 주제와 관련해 청중에게 던질 수 있는 공감 질문 3개를 적는다.

- 청중의 답변이 예상보다 짧을 경우, 어떻게 후속 질문으로 이어갈
  지 구상한다.

이야기가 지식을 살린다

숫자나 이론만으로 말해서는 오래 남지 않는다. 하지만 이야기는 사람
의 마음속에 남아, 지식을 살아 있는 지혜로 바꾼다.

내가 강단에서 경험한 사례가 있다. '리더십의 본질'을 주제로 강의하
던 날, 나는 '권위와 신뢰'라는 주제를 설명하며 단순한 개념을 나열했다.
그러나 청중은 집중하지 않았다. 그 순간, 나는 군 시절에 겪었던 아픈 경
험담을 꺼냈다. 부하를 잃었던 비극적 사건, 그리고 그때 느꼈던 무력감과
깨달음을 이야기했다.

강의실은 숨소리조차 들리지 않을 만큼 조용해졌다. 그리고 마침내 청
중은 눈물로 반응했다. 그때 나는 알았다. 스토리는 지식을 살리고, 감정은
지식을 기억하게 만든다는 것을.

* 강의 기법
- 스토리 구조는 배경 → 위기 → 전환 → 교훈을 따른다.
- 이야기에는 반드시 구체적인 디테일을 넣어라. 장소, 상황, 감정을
  함께 전달하면 청중은 그 장면 속으로 들어온다.

* 적용 방법
- 내가 다룰 주제와 관련해, 배경-위기-전환-교훈의 구조로 짧은 스
  토리를 작성한다.

- 스트리를 말할 때 10초 이상 청중의 눈을 바라보며 감정이 전달되도록 연습한다.

존재감은 목소리보다 강하다

강사는 말로만 전달하는 것이 아니다. 태도와 눈빛, 침묵이 말보다 큰 울림을 주기도 한다. 하루는 중요한 강연 자리에서 화려한 자료 대신, 조용히 서서 청중을 바라봤다. 그리고 잠시 침묵했다. 단 몇 초였지만, 강의장은 숨을 죽이고 집중했다. 그날 청중은 내 말보다도 내 존재에서 오는 메시지를 더 강하게 기억했다.

반대로, 내가 초급 강사 시절에는 불필요한 손짓과 농담으로 분위기를 띄우려 했다. 그러나 청중은 피로감을 느꼈고, 강의의 핵심은 사라졌다. 존재감은 과장된 동작이 아니라 내면의 확신에서 나온다.

- *** 강의 기법** : 비언어적 소통을 훈련하라
  - 올곧은 자세
  - 아이컨택
  - 의도적인 침묵
  - 목소리의 크기보다 메시지에 담긴 확신이 더 중요하다.
- *** 적용 방법**
  - 거울 앞에서 3분간 발표 연습을 하며 눈빛과 제스처를 점검하라.
  - 청중 앞에서 10초간 침묵 후 메시지를 던지는 훈련을 해보라.

파트 2.
지식을 행동으로 바꾸는 강사 DNA:
머리에만 남는 지식은 사라지지만,
행동으로 이어진 지식은 사람을 바꾼다

강의는 행동으로 이어져야 한다

강의의 진정한 가치는 강의실 안에서 드러나지 않는다. 청중이 강의실을 나간 뒤, 그들의 삶 속에서 실천으로 이어질 때 비로소 강의는 살아난다.

나는 군 시절, 많은 장병에게 전술 원칙과 세부 규칙을 반복해서 가르쳤다. 그들은 모두 고개를 끄덕이며 "이해했습니다"라고 대답했다. 하지만 실제 상황이 벌어지자, 배운대로 행동하지 않았다. 그때 나는 깊은 허탈감에 빠졌다.

나중에 돌이켜 보니 문제는 내 강의 방식에 있었다. 나는 "이해했느냐?"라고 물었지, "이제 어떻게 할 것인가?"라고는 묻지 않았다. 단순히 머리로 동의하는 것과 실제 행동으로 옮기는 것은 전혀 다른 차원이었다. 강의의 목표는 이해가 아니라 행동으로 전환하는 것임을 뼈저리게 깨달았다.

그 이후, 강의 마지막 5분을 '실천 다짐 시간'으로 바꾸었다. 예를 들어 리더십 교육을 마칠 때 "내일부터 부하에게 어떻게 달라지게 대하실 겁니까?"라는 질문을 던졌다. 청중은 처음엔 머뭇거렸지만, 곧 구체적인 다짐을 적기 시작했다. 그리고 몇 주 후, 그들이 "작은 행동을 시작했더니 분위기가 달라졌다"라고 말할 때 큰 보람을 느꼈다.

* 강의 기법
- 강의 목표를 '이해'가 아니라 '실천'으로 설정한다.
- 강의 마지막 5분을 '실천 다짐 시간'으로 활용한다.
- "내일부터 무엇을 바꿀 것인가?"라는 질문으로 행동을 촉구한다.

* 적용 방법
- 강의 후 청중에게 오늘 배운 내용을 1문장 다짐으로 작성하게 한다.
- 청중이 실천 내용을 SNS나 학습 커뮤니티에 공유하도록 안내한다.
- 한 달 뒤 이메일이나 메시지로 후속 확인을 한다.

학습은 머리가 아니라 몸에서 완성된다

사람은 듣는 것만으로 변하지 않는다. 지식은 머리에 들어올 뿐, 몸이 움직이지 않으면 오래 가지 못한다. 행동하고, 실수하고, 다시 시도할 때 비로소 배움이 일어난다.

나는 초급 장교 시절, 교범 속 전술 이론을 줄줄 외울 정도로 암기했지만, 막상 현장에서는 무용지물이었다. 그러나 직접 몸으로 부딪치며 훈련하고, 실수하면서 터득한 경험은 오래 남았다.

강의에서 이 사실을 확인한 적도 있다. 한 학생이 "이론은 알겠는데 실제로 어떻게 해야 할지 모르겠다"라고 말했다. 그래서 즉석에서 역할극을 시켰다. 리더와 구성원으로 역할을 나누어 대화하게 했다. 처음에는 어색해했지만, 금세 몰입했다. 강의가 끝난 뒤 "오늘 배운 것을 바로 적용할 수 있겠다"라고 반응했다.

* 강의 기법
- 이론 설명 후 반드시 실습·토론·역할극을 계획한다.
- 상황 시뮬레이션을 통해 청중이 몸으로 직접 경험하게 한다.
- 청중끼리 서로 시연하고 피드백하는 시간을 넣는다.

* 적용 방법
- 강의 주제와 관련된 간단한 역할극을 짝을 지어 진행한다.
- "이 상황에서 당신은 어떻게 할 것인가?"라고 질문을 부여하고, 발표시킨다.
- 강의 후, 청중이 체험 내용을 메모하고 그것을 공유하게 한다.

질문은 행동의 문을 연다

강의에서 가장 강력한 도구는 '질문'이다. 질문은 청중을 수동적 청취자에서 능동적 탐색자로 바꾼다. 들은 것은 쉽게 지워질 수 있지만, 질문은 청중을 멈춰 서게 하고 행동을 고민하게 만든다.

나는 과거에 "이해하셨습니까?"라는 질문을 자주 던졌다. 대부분은 형식적으로 "네"라고 답했다. 그러나 어느 날, "내일부터 이 내용을 어떻게 적용하시겠습니까?"라는 질문을 던지자, 청중의 눈빛이 바뀌었다. 머릿속으로 답을 그리며 스스로 행동을 상상하기 시작한 것이다.

특히 '작은 질문'이 효과적이다.

"여러분이 이 내용을 단 하루만 실천한다면 어떤 변화가 생길까요?"

이와 같은 질문은 청중이 부담 없이 대답할 수 있으면서도 깊은 울림을 남긴다. 질문은 지식을 확인하는 것이 아니라, 청중의 삶을 열어가는 열쇠다.

* 강의 기법
  · 이해 확인형 질문 대신 행동 촉구형 질문을 사용한다.
  · 구체적이고 작은 질문으로 청중이 즉각 답할 수 있게 한다.
  · 질문에 침묵이 흐를 때 후속 질문으로 연결한다.
* 적용 방법
  · "오늘 배운 것을 내일 어디서 적용하시겠습니까?"라고 물어본다.
  · 청중이 서로에게 질문을 주고받는 시간을 마련한다.
  · 강의 후, 다짐한 답을 메모해두고 추후 점검한다.

하브루타 학습법 – 대화 속에서 피어나는 행동의 씨앗

유대인의 하브루타 학습법은 내 강의 철학을 바꿔 놓았다. 그들은 침묵하지 않았다. 질문하고, 반박하고, 토론하며 지식을 자기 것으로 만들었다. 대화 속에서 지식이 살아 움직였고, 행동의 씨앗이 심겨졌다.

나는 강의에서 하브루타 방식을 시도했다. 학생들을 짝지어 토론하게 했다.

"오늘 배운 것을 일상에 어떻게 적용할까?"

처음에는 서툴고 낯설어했지만, 곧 열띤 대화가 이어졌다. 수업이 끝난 뒤 한 학생이 말했다.

"오늘은 배움이 제 삶 가까이 다가왔습니다."

그 말은 나에게 깊은 울림을 주었다.

하브루타의 본질은 '배움의 주체'를 청중에게 돌려주는 것이다. 강사가 말하는 시간이 줄어들고, 청중이 말하고 듣는 시간이 늘어나면서 학습은 살아난다.

* 강의 기법
- 짝 토론·그룹 토론 시간을 강의 중간에 넣는다.
- 행동 가능한 질문을 던져 토론 주제로 삼는다.
- 토론 후에는 발표·피드백으로 학습을 심화한다.

* 적용 방법
- "오늘 배운 것을 생활 속에 어떻게 적용할 수 있을까?"를 짝과 토론하게 한다.
- 토론 결과를 실천 다짐 한 줄로 적게 한다.
- 청중이 다짐을 서로 공유하고 격려하게 한다.

작은 실천이 큰 변화를 만든다

사람들은 강의 후 큰 목표를 세운다.

"이제부터 완전히 달라지겠다."

"이번 달 안에 성과를 내겠다."

이와 같은 거창한 다짐을 한다. 그러나 현실은 그렇지 않다. 큰 목표는 시작부터 두려움을 만들고, 작은 실패에도 쉽게 무너진다. 그래서 변화는 언제나 작은 실천에서 시작되어야 한다.

한 부하 장교가 있었다. 그는 반복된 실수로 자신감을 잃고 있었다. 나는 그에게 큰 성과를 내라고 압박하지 않았다. 대신 아주 단순한 과제를 제시했다.

"내일부터 보고할 때, 핵심만 한 문장으로 말하라."

처음엔 사소해 보였지만, 이 작은 훈련은 놀라운 변화를 가져왔다. 보고가 간결해지면서 그는 자신감을 회복하였고, 매우 유능한 장교로 성장했다.

강의도 마찬가지다. 청중에게 주는 과제가 크고 복잡하면, 강의가 끝난 직후에는 결심하지만, 일상으로 돌아가면 금세 포기한다. 그러나 작은 실천은 다르다. "이 정도라면 할 수 있겠다"라는 확신을 갖고, 바로 움직인다. 작은 성공은 자기 효능감을 키우고, 그것이 쌓여 큰 변화를 만든다.

나는 지금도 강의 마지막 부분에서 청중에게 질문한다.

"오늘 배운 것을 내일부터 어떻게 실천하시겠습니까?"

사람들은 놀랍도록 구체적인 다짐을 적는다. "매일 아침 5분간 성찰하기", "회의 때 한 가지 칭찬 먼저 하기" 같은 작은 약속이지만, 그것은 분명한 시작이다.

＊ 강의 기법

· 큰 목표보다 작은 과제를 제시한다.

- 청중이 당장 시작할 수 있는 행동을 구체화한다.
- 작은 성공 경험을 나눌 수 있는 시간을 마련한다.

* 적용 방법
- 오늘부터 한 가지 바꾸고 싶은 습관은 무엇인지 작성하게 한다.
- 청중이 옆 사람과 다짐을 공유하고 격려하게 한다.
- 강의 후 일주일 안에 작은 성과를 기록해 보도록 안내한다.

행동의 흔적이 강사의 성과다.

강사의 성과는 무엇일까? 강의 직후의 박수와 환호일까? 아니다. 그 것은 순간의 열기일 뿐이다. 진짜 성과는 몇 달 뒤, 몇 년 뒤 청중의 삶 속에 남아있는 행동의 흔적이다.

나는 강사로서 크게 감동한 경험이 있다. 수개월 전 강의를 들었던 한 청중이 내게 연락을 해왔다.

"선생님, 그날 말씀해 주신 작은 습관을 꾸준히 실천했더니 제 삶이 달 라졌습니다."

그 한마디는 그 어떤 박수보다 더 큰 보람이었다. 그때 나는 확신했다. 강의의 진짜 열매는 강의실이 아니라, 청중의 삶 속에서 맺힌다.

강사는 종종 눈앞의 반응에만 집중한다. 하지만 강의의 진정한 힘은 '시간이 지난 후'에 드러난다. 청중의 행동이 달라지고, 태도가 바뀌고, 삶 의 패턴이 변할 때 비로소 강의는 살아 있는 것이 된다. 그러므로 강사는 청중이 지속해서 실천할 수 있는 장치를 마련해야 한다.

* 강의 기법

- 강의 후 청중의 행동 결과를 확인할 장치를 마련한다.
- 후속 모임이나 온라인 피드백 채널을 운영한다.
- 청중의 변화 사례를 다음 강의에서 인용한다.

* 적용 방법

- 강의 후 이메일이나 게시판을 통해 청중의 실천 경험을 수집한다.
- 변화를 경험한 청중에게 짧은 후기나 증언을 부탁한다.
- 강의 성과를 '숫자'가 아닌 '이야기'로 정리한다. 한 사람의 변화된 삶이 강의의 가치를 말해준다.

파트 3.

강의 후에도 멈추지 않고 성장하는 DNA:
강사는 가르치면서 배우고,
강의가 끝난 뒤에도 성장해야 한다

강의가 끝난 후가 진짜 시작이다.

강의가 끝나면 안도의 한숨을 쉬었다. 준비한 자료를 다 전달했고, 청중도 만족스러운 반응을 보였으니 이제 역할을 마쳤다고 생각했었다. 하지만 진짜 강의는 청중의 박수가 멈춘 순간부터 시작된다는 사실을 뒤늦게 알았다.

강의 후에도 청중의 마음속에 계속 살아 있는 존재가 되려면, 강의가 끝난 뒤의 시간을 준비해야 한다. 나는 강의 후 10분을 '성찰 시간'으로 활용하기 시작했다.

■실천 포인트
· 강의 후 10분, 자기 성찰 노트를 작성하라. [배운 점 3가지, 남긴 메

시지, 실천할 다짐]
· 강의 후 24시간 안에 스스로 작은 도전 한 가지를 실행하라.
· 1년에 한 번, "나의 강의 사명 선언문"을 다시 쓰고 점검하라.

피드백과 기록은 성장의 거울이다.

나는 초보 교관 시절, 청중의 박수와 칭찬에 의지했다. "좋은 강의였다"라는 말은 내게 달콤한 위로였다. 하지만 시간이 흐르며 깨달았다. 칭찬은 나를 기쁘게 했을 뿐, 성장시키지는 못했다. 오히려 불편한 피드백이 나를 변화시켰다.

강의 경험이 적었던 그 시절, 한 교육생이 말했다.

"교관님, 오늘 강의가 조금 빨라서 따라가기 힘들었습니다."

순간 자존심이 상했지만, 그 말 덕분에 강의 속도를 조절하는 법을 배웠다. 그때부터 나는 강의가 끝나면 반드시 피드백을 구했다. 때로는 불편하고 아픈 말들이 돌아왔지만, 그것이 내 강의를 발전하게 도움을 주었다.

강사에게 피드백은 거울이다. 그리고 기록은 성장의 축적이다. 기록하지 않으면 경험은 흩어지지만, 기록하면 자산이 된다.

더 나아가, 청중은 강사의 말이 아니라 삶을 본다. 말과 삶이 일치할 때 신뢰가 생긴다. 피드백과 기록은 강사가 삶과 강의를 일치시키는 통로다.

■실천 포인트

· 강의 후 반드시 "더 듣고 싶었던 부분은 무엇이었나요?"라고 물어라.

· 강의 일지에 '잘된 점·아쉬운 점·개선할 점'을 기록하라.

· 한 달에 한 번, 기록을 모아 자신만의 강의 매뉴얼을 만들어라.

· 말한 것을 삶에서 실천했는지 점검하라.

배움을 멈추지 않는 강사

강사가 더 이상 배우지 않을 때, 청중도 멈춘다. 나는 전역 후 한동안 내 경험만으로도 충분하다고 생각했다. 하지만, 강의는 점점 힘을 잃고, 청중의 반응은 점점 차가워졌다.

그 후 나는 다시 책을 집어 들었다. 최신 서적을 읽고, 다른 강사들의 강의를 찾아다녔다. 강의 중간에 적어둔 노트를 보며 느낀 깨달음이 내 강의에 새로운 활력을 불어넣었다. 놀랍게도 청중의 반응이 달라졌다.

그러나 배움은 책에서만 오는 것이 아니었다. 내 인생의 눈물과 실패, 그리고 고통이야말로 가장 강력한 메시지가 되었다. 나는 더 이상 실패를 숨기지 않고 꺼냈다. 오히려 그것이 청중에게 더 깊은 울림을 주었다. 그때 확신했다. 강사는 배움을 멈추지 않는 존재여야 하고, 눈물 또한 배움의 교과서라는 것을.

■실천 포인트

· 매년 새로운 분야의 책 10권을 읽고 강의에 적용하라.

· 다른 강사의 강의를 듣고, 배운 점을 정리하라.

· 내 인생의 눈물 이야기를 정리해 두고, 교훈을 1분 스토리로 준비하라.

· "나는 지금도 배우고 있는가?"라는 질문을 자주 던져라.

강사의 영향력은 강의실을 넘어간다.

몇 년 전, 한 제자가 내게 연락을 해왔다.

"선생님, 몇 년 전 강의에서 하신 말씀을 아직도 붙들고 살아갑니다."

나는 그때 깨달았다. 강사의 영향력은 강의실의 울타리를 넘어 세월 속에서도 이어진다. 강의는 그날로 끝나지 않는다. 씨앗처럼 심겨져, 시간이 흐른 뒤에 열매를 맺는다. 그래서 강사는 직업이 아니라 사명이고, 청중과 함께 걷는 끝없는 여정이다.

■실천 포인트

· 강의 후 청중이 실천한 결과를 나눌 수 있는 후속 모임을 마련하라.

· 이메일, 온라인 커뮤니티, Q&A 세션을 통해 지속적인 연결을 유지하라.

· 매년 '나의 강사 여정 일지'를 작성하고, 눈물·배움·성장을 기록하라.

· 강의의 완성은 오늘이 아니라, 청중의 내일 속에서 이루어진다.

강사는 눈물로
삶의 불씨를 건네는 사명자다

강의는 강사와 청중이 삶을 나누고, 눈물을 나누고, 다시 일어서려는 용기를 나누는 것이다. 나는 군대에서 실패와 눈물을 통하여 그것을 깨달았다. 그래서 강의는 내게 사명이 되었다. 이 책에서 말하고 싶은 것은 내가 직접 넘어지고, 실패하고, 다시 일어서며 확인한 진실이다.

이제 이 책을 덮는 순간, 공은 독자에게로 넘어간다. 이 책에서 이야기한 DNA를 어떻게 삶에 심고, 강의에 녹여낼 것인가는 당신의 선택이다. 그러나 한 가지 분명한 사실이 있다. 당신의 눈물과 실패, 그리고 배움은 누군가에게 길이 될 수 있다. 강사는 직업이 아니다. 그것은 존재의 부르심이다.

청중의 삶을 비추는 등불, 어둠 속에서 길을 찾게 하는 작은 손길, 그것이 강사의 사명이다.

부디 이 책이 당신의 여정에 작은 불씨가 되기를 바란다.

그리고 그 불씨가 당신의 강의 속에서 타올라, 더 많은 이들의 삶을 변화시키기를 소망한다. 당신의 강의는 끝나지 않는다. 당신의 눈물이, 당신의 삶이, 누군가의 내일이 될 것이기 때문이다.

강사로 다시 태어나다
- 음악과 인문학의 융합

남 유 미

유앤미세상 대표

김포대학교 자유전공학과 외래교수

서사평교육원.해밀원.올티칭운영교수

음악과 함께하는 인문학 인성 소통강사

제2의 인생을 꿈꾸는 사람들은 많지만 어디서부터 시작해야 할지, 어떤 방향으로 나아가야 할지 막막하기만 하다. 무엇보다 세상에 대한 두려움과 확신 없는 자신감은 마음의 문을 여는데 장애물이 된다. 그럼에도 불구하고, 첫 도전은 누구에게나 주어진다는 것을 기억하자.

내 삶의 새로운 판을 바꾸려는 용기가 필요했고 지식을 행동으로 바꾸는 스위치를 작동시켰으며 성장을 방해하는 요소를 제거하였다. 그 과정에서 포기하지 않고 좌절하지 않았기에 내가 원하고 좋아하는 인문학 강사의 길을 걷고 있다 나의 글이 새로운 도전을 꿈꾸는 누군가에게 힘이 되었으면 한다.

파트 1.
마음을 여는 DNA:
변화의 시대, 나의 첫 질문

세상이 바뀌고 있다. 나는 무엇을 해야 할까?

25년 전, 2000년 새천년이 밝았을 때 많은 이들은 기대와 불안을 동시에 느꼈다. 그리고 지금, 경험해 보지 못한 거대한 세상의 변화 앞에 같은 질문을 나 스스로에게 또다시 던졌다. '나는 지금 무엇을 해야 할까?'

내가 성장한 시절은 부모님 세대처럼 평생직장이 보장되던 시대였다는 점이다. 정규 교육 과정을 마치고, 사회에 나와 직업을 구하고, 그 직업과 평생을 함께하는 것이 당연했던 시대였다.

기악을 전공한 나는 비교적 안정적인 길을 걸었다. 여자로서 음악학원 원장이라는 직함은 그 시절 여성이 사회 속에서 자기 기술로 설 자리를 찾기에 매우 안정적이었다. 그 당시는 아이들도 많았고 피아노는 누구나 배우는 기본 소양처럼 관문이 되던 시절이었다.

결혼 후에도 사정은 비슷했다. 내 손과 머리에 체득된 기술은 쉽게 사라지지 않을 거라는 믿음 때문이었을까? 학원 규모의 차이만 있을 뿐, 동네 어디서나 볼 수 있는 미용실처럼 안정적 업종으로 어쩌면 내 기술의 유효기간은 없다는 믿음을 버팀목이라 여겼던 것 같다.

세상이 달라지고 있다. 인구가 줄고 평균수명이 늘어난다.

당시 평균수명이 80세를 바라보던 2000년대 초반, 유치부와 초등학생을 대상으로 일하던 내게 저출산과 고령화 시대를 알리는 매스컴의 기사와 뉴스 보도는 당장의 위험으로 다가오지는 않았지만, 새롭게 변화해야 한다는 계기를 만들기에 충분했다.

다만, 새로운 곳을 향해 나아가고 싶은 마음의 문이 생긴 것이었지 지금 당장 아이들이 줄어드는 것은 아닌지라 현재의 직업전선에 큰 영향을 미치지는 않을 정도로 느낄 뿐이었다. 뉴스 보도처럼 세상이 바뀌고 있다고 하지만 바뀐 세상을 따라가기에 나의 능력도 제대로 알지 못했고, 무엇보다 체감으로 다가오지 않았기에 무엇을 어떻게 해야 할지가 우선 막막했다.

판을 바꿔야 한다.

그러던 어느 날 책 속의 한 문장이 내 머릿속에 들어왔다. "그 나물에 그 밥"의 식상한 표현이 내겐 1톤 해머의 신선한 울림으로 다가왔다. 마치 빨간색과 주황색의 미묘한 차이로 김치찌개를 김치찜 정도로 바꾸는 작은 변화가 아닌 국과 찌개의 차이처럼 근본적인 "판" 자체를 바꿔야 한다는 깨달음으로 다가왔다.

2020년 대한민국을 소개하며 큰 인기를 얻은 한국관광공사의 광고 「범 내려온다」는 정말 신선했다. 기존 관광 홍보물이 관광지 풍경과 해설 위주로 제작되던 방식에서 벗어나, 판소리와 현대무용을 결합한 뮤직비디오 형식으로 전통과 현대의 매력을 새롭게 표현했다. 화려한 관광지 대신 일상적인 도시 공간과 역동적인 춤으로 지역의 감성을 보여주고, TV 광고가 아닌 유튜브와 SNS를 통해 젊은 세대에게 폭발적인 반응을 얻었다. 단순히 관광지를 소개하는 홍보에서 벗어나 문화와 재미를 함께 경험하도록 한 혁신적인 시도로 영상의 변화가 아닌 생각의 전환에 대한 판을 바꾼 결과였다.

판을 바꾸려는 혜안의 DNA가 내게 필요했다.

내 안에 잠재되어 있던, 변화를 두려워하지 않는 마음을 여는 DNA의 첫 번째 발현이기도 하다. 내 몸에 내재 되어 있는 도전 DNA가 본성적인 것인지, 아니면 학습된 것인지는 알 수 없었지만 그럼에도 나는 새로운 일에 마음을 열고자 하는 DNA가 커가고 있음을 알아차렸다.

막연한 새로움을 향한 도전이 아닌, 현재 내가 가진 기본 재료이자 능력인 '음악'이라는 무기를 바탕으로 가능성을 먼저 살펴보기로 했다.

학원을 운영하는 일상에서 새로운 일을 다시 도전하는 것은 생각만큼 쉬운 일은 아니었다. 인간에게는 안정감과 소속감의 욕구도 있지만 새로움에 도전하려는 욕구도 있는데 나의 DNA는 후자인 도전의 욕구가 나를 더 강하게 자극하기 시작했다. 바로 나를 리셋하기 위한 화살의 시위를 당겼다.

나의 능력과 기술 리셋하기: 인문학과의 조우

변화의 흐름 속에서도 사람들에게 꾸준히 필요한 것은 무엇일까? 심각해지는 저출생과 고령화 사회에서 내가 할 수 있는 일은 무엇이 있을지 관찰하면서 우선 나의 능력과 기술을 밑바탕으로 새로움을 창조하는 일에 몰입했다. 빠르게 변하는 세상 속에서 유행을 타지 않으면서 꾸준히 사람들에게 필요한 것은 무엇일지 그 답을 찾는 과정에서 '융합'이라는 단어가 주목받기 시작한 것도 나에게 좋은 아이디어로 작용했다.

판을 바꾸기 위해 내가 선택한 것은 음악과 인문학

고민하던 중 항상 내 곁에서 삶의 지혜를 주던 인문학이 떠올랐다. 인간의 경험, 감정, 삶의 의미를 다루는 인문학과, 인간의 감정을 표현하는 음악의 분야를 새롭게 연결하고 싶었다. 인간의 삶은 언제나 동전의 앞뒷면처럼 희로애락이 함께 한다. 그리고 그 곁에서 언제나 음악도 우리와 함께 공존했다. 음악 예술이야말로 인간 내면에서 자연스럽게 느끼는 기쁨, 노여움, 슬픔, 즐거움 등의 감정을 멋진 연주와 노래로 표현하고 있었다.

누군가는 연주로 감정을 표현하고, 또 누군가는 음악을 들으며 위로를 받는다. 베토벤의 운명 교향곡 5번을 들으며 비장한 각오를 다지기도 하지만, 쇼팽의 피아노 선율에 매혹되어 감성적 매력에 빠져들기도 한다. 서양의 클래식이 아니더라도 우리나라 대중가요의 가사를 통해서도 우리는 웃고 울며 모두가 성장해 왔다.

나는 전통적인 방식에서 벗어나 음악이라는 분야를 인문학과의 융합으로 재해석 하고픈 시도의 도전장을 내밀었다. 오늘날 아이돌의 노래 속에서도 세대의 콘텐츠를 알 수 있으며, 고전시대 베토벤의 음악 선율에서도 시대의 상상력이 확장하는 것처럼 변화되는 세상에 맞춰 나아가고 싶었다.

행동 스위치 누르기

어릴 적, 잠자기 전 불을 끄기 귀찮아 이불 속에 누운 채, '어떻게 하면 스위치를 내릴 수 있을까' 생각하며 떠오른 아이디어는 '스위치에 실을 매달까?', '막대기를 사용할까?' 수많은 상상을 했었지만, 일어나 손으로 꺼야만 했던 기억이 있다. 결국 이불 속이 아닌 이불 밖에서의 행동만이 필요한 것이다. 《게으른 뇌에 행동 스위치를 켜라》는 책 제목처럼 "행동 스위치"는 무언가를 시작하게 하는 계기나 자극을 뜻하는 것으로 머릿속이 아닌 손 동작의 움직임을 통해 켜지는 것이다.

　나의 기본 역량인 행동 스위치를 어떻게 작동시켰는지와 음악과 인문학이 조우하며 만들어진 이야기는 다음 장에서 자세히 풀어나가려 한다.

지식을 행동으로 바꾸는 DNA:
생각에서 행동 스위치 작동시키기

익숙함에 안주하려는 우리 뇌 속 행동 스위치 찾기

익숙한 공간에서는 손끝이 먼저 스위치의 위치를 기억한다. 반면, 낯선 환경에서는 형광등 스위치조차 찾기 어렵다. 어둠을 밝히든 빛을 가리든 결국 필요한 것은 누구도 아닌 나의 '행동'이다. 우리 뇌는 익숙한 것을 선호하고 변화를 거부하려는 경향이 있지만 모든 사람에게는 잠재된 행동 스위치가 존재한다.

스위치는 어느 곳에나 항상 존재한다. 다만 우리가 누르지 않았기 때문에 아무 일도 일어나지 않는 것이다. 예전에 친구와 함께 천연비누를 만들어 판매하자는 아이디어로 들떠 있었던 적이 있었다. 물론 비누를 만들기 전 단계였지만 의기투합해서 아이디어를 모았고, 본격적인 행동만 남은 상태였다. 그러나 계획은 연기처럼 사라졌다. 이유는 간단했다. 계획은 완벽했지만, 실천 행동이 없었기 때문이다. 결국 돌다리만 두드리다 멈춰버린 셈이다. 내 친구는 그야말로 밤새 돌다리만 두드리는 신중한 스타일의 소유자였다.

밥을 만들려면 쌀을 물에 넣고 불을 켜야만 한다. 밥이든 죽이든 쌀을 솥에 넣고 불을 지펴 끓이지 않으면 아무것도 만들어지지 않는다, 시행착오는 실패의 표상이 아닌 작동의 흔적이다. 두꺼비집이라는 콘센트상자가 있다. 그 안에는 여러 스위치가 있어 메모가 없으면 쉽게 구별하기 어렵다. 하지만 크게 문제 되지 않는 이유는 한 번씩 스위치를 켜 보면 그 기능과 역할을 간단히 확인 할 수 있다.

작동 방해 요소 제거하기

원하는 목표가 있다는 것은 이것을 실행할 수 있는 스위치도 있다는 것이다. 단지 행동 스위치를 켜지 않았을 뿐이다. 행동 스위치를 간단히 누르면 되는데 작동방해요소인 미루는 습관이 먼저 작동된다. 그 이유는 무엇일까? 미루는 습관에는 여러 가지 원인이 있겠지만, 아마도 '게으름'이 가장 큰 부분을 차지하지 않을까 싶다.

"기억하자! 게으름은 게으름만 낳고, 미루는 습관은 또 다른 미룸으로 이어진다."

40분 독서법- 소소하지만 확실한 행동 스위치

인문학 강의의 필수는 독서다. 독서의 중요성과 효능을 알지만, 가끔씩 실천을 미루게 된다. 시간이 없다는 핑계가 먼저 작용한 것이다. 그래서 내가 고안한 것이, 애매한 시간인 40분 타이머 설정을 해 놓았다. 40분이라는 시간의 매력은 30분보다는 많고 60분보다는 적은 시간이다. 이는 초등학생의 평균 집중 시간과도 유사한데, 무엇보다 독서 시작에 대한 부담을 크게 줄여준다. 40분독서 이후 여유가 있다면 20분 추가를 권장하고 싶다. 처음 설정한 시간의 절반이기에 심리적 부담이 적고, 오히려 짧은 시간 동안 폭발적인 집중력을 발휘하게 된다.

"일은 주어진 시간만큼 최대한 팽창한다."라는 파킨슨의 법칙처럼, 시간을 한정하면 집중력이 높아지고 최소한의 시간으로 일 마무리를 할 수 있다는 것이다.

40분 독서법을 통해 더 많은 책을 읽을 수 있게 되었고, 다 읽은 후에는 책등에 나만의 하트 표시를 해둔다. 표시를 통한 독서의 흔적을 남김으로써, 만족감을 누리고 있다. 또한 책 읽기 과정에는 항상 필기도구를 활용하는 데 중요한 문구나 글귀가 있다면 줄을 긋고 나만의 생각을 적는 표시 및 기록 습관을 반드시 만들었다. 내가 읽은 모든 책의 여백에는 표시와 메모의 주석들이 항상 남아 있다. 내 독서의 동반자이자 행동의 흔적인 셈이다. 읽고, 밑줄 긋고, 생각을 쓰는 그 순간, 행동의 뇌인 측좌핵이 자극되는데 이때 분비되는 도파민 호르몬은 뇌에서 분비되는 '행동의 동기유발 물질'

로 즐거움과 의욕을 일으키는 핵심 요소이자 행동의 근원이다.

책을 읽는다는 것은 지식을 쌓는 행위를 넘어 내 안의 행동 스위치를 켜는 일과 같다. 우리 안의 행동 스위치를 찾고 작동시켰을 때, 자신이 원하는 것을 완성 시킬 수 있는 결정적 시발점이 된다. 행동은 생각이 아닌 감정이 이끈다. 즐거움이 생길 때, 비로소 몸이 움직인다는 사실을 기억하면 좋겠다.

인문학과 음악의 조우

인생의 철학, 사유의 매력과 깊이는 인문학을 통해 배웠지만, 일상에서 삶의 위로는 음악에서 찾았다. 음악치료의 전문 분야도 있지만, 일상에서 문득 겪게 되는 우울증이 아닌 심리적 우울감을 느끼는 평범한 사람들의 위로를 위한 프로그램을 만들고 싶었다. 인문학적 사유와 음악의 만남은 내 몸 속 행동 DNA를 자극했다. 단순히 지식의 확장이 아닌, 내가 가진 '음악'이라는 기술을 활용해 새로운 '행동'을 시작하게 만드는 강력한 동기가 되었다.

타인의 따뜻한 말 한마디 위로도 좋지만, 내면에서 나오는 스스로의 위로가 더 강력한 힘을 발휘할 때가 있다. 무대 위의 화려함과 달리 무대 아래의 공허함을 달래기 위해 부정적 행위로 인생의 나락을 걷는 안 좋은 기사를 볼 때마다 매우 안타깝다. 인생의 공허함과 외로움은 누구에게나 찾아온다. 무대는 아니지만 강단에서 강연하는 강사라는 직업에 있어 헛헛함의 감정이 들 때가 간혹 있는데 그럴 때마다 음악은 내게 쉼표가 되어 주었다.

어느 날, 장애인 가족을 위한 음악 치료프로그램은 거의 없다는 것을 알게 되었다. 그래서 나는 그들을 위한 위로의 음악을 찾아 나섰고, 그 과정에서 나를 위한 음악 또한 발견하게 되었다. 내 스스로 음악으로 위로받지 못한다면, 타인과도 소통할 수 없다는 점이 무엇보다 중요했기 때문이다. 그리스 신화와 동양 철학에서 얻은 깨달음이라는 밑바탕에 음악을 얹어 인생 이야기를 시작했고, 특히「범 내려온다」영상을 소재로 판소리를 새롭게 해석하여, 아이들과 함께 음악과 역사 이야기를 나누었다.

판이 바뀌자 또 다른 세상이 보이기 시작했다. 피아노 강사로만 머물던 내가, 인문학 강사로서 새로운 '판' 위에 당당히 서게 됐다. 즉, 나의 직업과 역할이 근본적으로 바뀐 것이다.

대상에 한계를 두지 말자

저출생, 고령화 시대인 탓일까? 고령화 시대의 강의 현장은 시니어 중심으로 흘러간다. 하지만 나는 출산율이 높은 세종시에서 생활하면서 '아이들과도 인문학을 나눌 수 있지 않을까'라는 고민을 하던 중 역사와 음악 그리고 인문학을 융합한 프로그램을 만들었다.

타이틀은 〈음악이 흐르는 역사 이야기!〉다. 교과서가 아닌 음악으로 역사를 배우는 수업은 큰 호응을 얻었지만, 눈에 보이는 결과물이 없는 한

계점이 있었다. 이런 음악 수업의 한계를 보완 하고자 배움의 흔적을 남길 수 있는 음악 역사책도 아이들과 함께 만들었다.

수도권으로 다시 이사 온 지금 나는 초등학생부터 시니어까지 폭넓은 프로그램을 진행하고 있다. 음악이라는 공통 분모로 웰다잉 강의까지 확장 시켰다. 대상에 한계를 두지 않았기에 음악을 통한 역사 이야기뿐 아닌, 깊은 성찰이 담긴 멋진 삶의 인생 이야기도 함께 소통할 수 있지 않았나 싶다.

〈뜨거운 씽어즈〉 프로그램에 출연한 배우 서이숙님의 〈나를 외치다!〉를 여러분께 추천하고 싶다. 가사 한 줄, 멜로디 한 소절이 새로움의 미래를 향해 달려가는 여러분께도 잠시나마 쉼표의 시간을 선물할 것이다. 음악이 아름다운 이유 중 하나는 선율의 아름다움과 쉼표가 주는 쉼의 여유가 있고, 때로는 가사 한 소절이 나의 복잡한 심경을 차분히 위로하기도 한다.

타인의 시선과 비교는 행동 스위치를 누르지 못하게 하는 또 다른 장애물이다. 이점을 꼭 기억하자. 1 더하기 1이 2인 수학 공식처럼 정해진 답도 있지만, 2 더하기 2가 4가 아닌 그 이상의 숫자가 나올 수 있는 것은 스스로 행동 스위치를 찾고 작동시키는 유무에 따라 결과가 무한히 달라진다.

그럼에도, 우리는 종종 타인의 모습과 비교하며 위축되곤 한다. 마치 남의 떡이 더 커 보일지라도 내 떡의 향기를 느낄 수 있는 여유가 진정한 자기 확신이다.

파트 3.
성장을 지속시키는 DNA:
성장을 방해하는 요소 제거하기

부정의 스트레스를 긍정의 성장 스트레스로 전환 시키자.

스트레스를 좋아할 사람은 아무도 없다. 하지만 자세히 들여다보면, 스트레스가 반드시 부정적인 것만은 아니다. 몇 년 전, 장애인을 대상으로 한 수업이 제대로 진행되지 않아 낙심한 적이 있었다. 그날 집으로 돌아오는 길에서 내 발걸음은 자책과 속상함으로 가라앉았다. 그리고 이런 경험은 훗날 나를 더 단단하게 만들어 주었다.

속상함이 안겨준 공허함은 얼마간의 시간이 흐른 후 그 날의 상황을 새로운 시각으로 바라보게 해 주었다. "실패의 스트레스가 아닌, 성장 스트레스로 받아들이자."라고 생각한 순간, 책망으로 가득했던 부정적 생각은 다음 수업을 위한 도전 정신으로 바뀐 것이다. 순탄한 상황에서는 길이 보이지 않지만, 어려운 상황에서는 길이 보인다.

"다음 주 수업은 무엇으로 준비해 볼까?!"

이렇게 강사라는 직업은 부정적 상황을 긍정적 상황으로 만들 수 있는 유연한 정신을 가져야 한다. 스트레스라는 단어에 '성장' 단어를 장착시킴으로 두려운 상황을 도전의 상황으로 나를 이끌어 갈 수 있던 것이다. 단순히 '1+1=2'라는 명백한 공식이 아닌 내가 가진 역량이 무한대로 확장될 수 있음을 깨닫게 된 순간이었다.

성장 방해 제거 요소 찾기

좋은 영양과 숙면이 육체를 회복시키듯이, 사유의 매력이 담긴 열린 대화와 깊은 관찰은 사고를 성장시킨다. 강사는 세대와 변화의 흐름을 읽고 변화의 도전을 두려워하지 않아야 성장한다. 멈춤이 느껴지는 순간, 자기 자신을 되돌아보는 점검의 시간을 만들어야 한다. 근시안적 시선과 익숙함의 안주는 성장을 멈추게 만든다. 이 밖에도 게으름과 타협하고 있지는 않은지, 스스로 자문해 보는 시간을 갖기 바란다. 자문자답의 시간이 성장 스위치를 작동시킬 것이다.

〈오르막길〉 노래는 결혼식 축가로 사랑받는 곡이다. 마지막에 나오는 "오른다면~"의 한 소절은 새롭게 인생을 시작하는 여정에서 어려움을 견디고 나아가기 위해 필요한 전제 조건이다. 산 정상에 도착하는 사람은 끝까지 포기하지 않고 올라간 사람들이다. 시행착오 속에서도 포기하지 않고 끝까지 완주해야만 원하는 결과를 얻을 수 있다. 중도 포기도 성장 방해

요소 중 하나임을 기억하자.

창의적 인재로 거듭나기

집단 나에서 자신의 역할을 원활히 이행하는 이들도 있지만 창의적 매력에 빠져 독립적 도전을 영위하는 사람들도 있다. 베토벤은 자신의 9번 교향곡을 통해 기존의 교향곡 형식 후반부에 우리가 잘 알고 있는 '합창' 노래 도입부를 처음으로 등장시킨 연주가로 기존 장르의 형식을 토대로 자신만의 예술성을 승화시켰고, 더 나아가 고전주의와 낭만주의의 가교역할로 새로운 길을 개척한 인물이다.

나 역시 피아노 강사로서의 익숙한 영역을 벗어나, 음악과 인문학을 융합한 새로운 프로그램을 만들었다. 음악을 토대로 역사와 인성을 이야기로 확장시켰다. 창의란 무에서 유를 새롭게 만들어 내는 것이 아니다. 기존의 고정관념을 벗어나 다른 시선으로 문제를 새롭게 바라보는 것이다. 자신의 고정관념을 벗어나 또 다른 관점으로 문제해결을 하는 사람이야말로 진정한 창의적 인재로 거듭날 수 있다고 생각한다.

주어진 기회에 최선 다하기

우리에게는 다양한 크기의 기회들이 주어진다. 그러나 대부분, 사람들은 그것이 자신에게 주어진 기회라는 것을 인식하지 못한다. 그 이유는 아마도 기회라는 선물의 기대치가 크지 않을까 싶다. 마치 1등 당첨의 로또

만을 기다리다, 손에 쥐어진 작은 기회를 놓쳐버리는 것과 같다. 작은 기회들이 모여 큰 기회가 만들어진다는 확신을 믿고 정진할 때 성장한다.

피드백을 두려워하지 말자

강의 후 피드백을 반드시 점검해야 한다. 몸에 좋은 약은 입에 쓰다는 속담처럼, 나에게 주어진 피드백이 다음 기회를 성공시킬 수 있는 확실한 열쇠가 되고, 스스로를 성장시키는 밑거름이 되기 때문이다.

새로운 도전을 위한 한 줄의 이력서

새로운 일에 도전하기에 세상은 그리 녹록지 않다. 능력보다 이력서의 한 줄이 우선시 될 때도 많다. 그렇지만 확신이 찬 나의 도전을 믿었기에 나는 포기하지 않고 한 줄 강의 경력을 만들기 위해 낯선 세상의 문을 두드렸다. 그렇게 하나의 한 줄 경력이 만들어졌고, 만들어진 것이 쌓일 수 있었다. 하나를 만들기까지 도전은 계속되어야 한다.

만약, 내가 세상을 향해 소리치지 않았다면, 나에게는 아무 일도 일어나지 않았을 것이다. 도전은 언제나 행동에서 시작된다.

도전 DNA로 평생교육을 실천한다

나는 사회복지학 박사로서, 단순한 지식 전달을 넘어 사람들의 인생을 변화시킬 수 있는 '평생교육'을 실천하고자 오늘도 현장을 달리고 연구에 매진한다. 탐구와 실행이 바로 도전 DNA의 발현이며 궁극적으로 강사로서 영향력을 확장하는 길이기 때문이다. 먼저, 인생이 변화될 수 있도록 실천하는 도전 DNA, 영향력 있는 강사에게 필요한 3가지 핵심 DNA는 다음과 같다.

세상이 바뀌고 있다.
첫째, 현재의 판을 새롭게 바꾸려는 용기
둘째, 지식을 행동으로 바꾸는 스위치 작동
셋째, 성장을 방해하는 요소 제거

강사의 삶은 지식 전달을 넘어, 스스로 끊임없이 배우고 성장하는 여정이다.

배움이 배움으로 끝나면 책 속의 가지런히 나열된 인쇄의 활자에 불과하다. 강사는 사람들에게 삶의 나침반을 건네는 일도 하지만, 때로는 그들의 '행동 스위치'를 찾아주는 역할도 해야 한다. 월등한 재능보다 더 중요한 것은 변화를 두려워하지 않는 도전의 DNA다. 사회복지 기관 어디에서든 평생교육을 통해 삶의 변화를 목표로 하는 이들을 향한 '나의 도전 DNA'와 '행동 스위치'는 앞으로도 끊임없이 작동될 것이다.

"이 글을 읽는 지금,
여러분의 마음속에는 이미 도전 DNA가 존재하고 있음을 반드시 기억하길 바라며, 도전을 꿈꾸는 여러분을 진심으로 응원합니다."

웃음으로 통하는 수업,
마음으로 이어지는 소통

박 현 희

대한치매예방협회 전임 강사
대한노인회 스마트 TV 강사
국민건강보험공단 백세운동교실 강사

처음의 서투름이 가르쳐준 것

나는 현재 웃음과 체조로 어르신들과 호흡하며 누구보다 신나게 수업을 이끌어가는 시니어 웃음 치료 강사다.

겸손이 미덕인 대한민국이지만 나의 직업 만족도와 자부심은 결코 나를 겸손하게 만들지 않는다. 하지만 누구에게나 처음과 흑역사는 있듯이, 첫 시니어 체조 수업을 떠올리면 아직도 얼굴이 화끈거린다. 눈도 제대로 마주치지 못한 채, 준비해 간 음악 8곡을 처음부터 끝까지 쉬지 않고 틀어 놓았다. 어르신들의 호흡은 이미 가빠졌는데도 나는 멈추지 않았다. 함께 웃지도 못했고, 눈빛 하나 교환하지 못했다. 왜냐하면 내 안에 공감 능력이 부족했기 때문이다. 그저 '오늘 나는 절대로 틀리면 안 된다.' 라는 생각뿐이었다.

수업이 끝난 뒤의 적막, 어르신들의 무표정한 얼굴이 나를 깊이 깨우쳤다. 강의는 곡수를 채우는 일이 아니라 마음을 여는 일이어야 한다. 완벽한 체조보다 중요한 것은 눈을 마주치고 마음을 따뜻하게 여기는 것이라는 사실을 말이다.

그날부터인 듯하다. 첫 수업 때마다 어르신들에게 인사하고 처음으로 내가 드리는 말씀.

"어르신들 저는 어르신들에게 뭐를 가르치러 온 강사가 아니에요. 같이 신나게 놀러 왔어요. 오늘 저랑 같이 1시간 즐겁고 신나게 놀아주실 거죠?"라는 말씀을 드리고 수업을 시작하는 게, 어르신들을 가르치는 게 아니라 웃으면서 진심으로 함께 노는 수업을 만들기 시작했다.

이 글은, 수많은 현장에서 땀과 웃음으로 쌓아온 나의 강사 DNA를 담은 기록이다. 강의 초반에 어떻게 마음을 열고, 배운 것을 어떻게 행동으로 옮기게 하며, 일상에서 어떻게 지속할 수 있는지를 서툴게 풀어냈다.

마음을 여는 DNA:
진심이 통하면 마음이 열린다

인간관계의 가장 근본적인 핵심은 진정성 있는 마음의 열림이다. 우리가 진정으로 상대방을 이해하고 받아들이려는 마음의 태도는 어떤 관계에서도 가장 중요한 요소이다. 특히 시니어 세대와 소통에 있어서는 더욱 깊은 이해와 공감이 필요하다.

마음을 여는 과정은 말하는 것이 아니라 상대방의 내면세계를 존중하고 이해하려는 진심 어린 노력에서 시작된다. 이는 상대방의 이야기를 경청하는 것, 그들의 감정을 인정하는 것, 그리고 그들의 경험을 존중하는 태도로 나타난다. 한 사람의 마음을 여는 것은 마치 조심스럽게 꽃봉오리를 피우는 것과 같다. 강제로 열 수 없고, 오직 따뜻함과 인내로만 가능한 섬세한 과정이다.

실제로 마음을 여는 가장 강력한 도구는 공감이다. 공감은 단순히 상대방의 감정을 이해하는 것을 넘어, 그들의 경험에 깊이 공명하는 능력을 의미한다. 시니어 세대는 수많은 인생의 경험이 있으며, 이러한 풍부한 경험은 때로는 외로움과 소외감으로 채색되어 있다. 그들의 마음을 여는 열쇠는 바로 진정성 있는 관심과 존중이다.

신뢰는 마음을 여는 또 다른 중요한 요소이다. 신뢰는 말과 행동의 일치에서 비롯된다. 우리가 진심으로 상대방을 존중하고, 약속을 지키며, 일관된 태도를 보일 때 상대방의 마음의 문은 자연스럽게 열리게 된다. 이는 마치 오랜 시간 동안 단단히 닫혀있던 창문을 부드럽게 열어젖히는 것과 같은 섬세한 과정이다.

마음을 여는 과정에는 시간이 필요하다. 서두르거나 강요해서는 안 된다. 마치 정원사가 꽃을 키우듯 인내심을 가지고 관계를 가꾸어야 한다. 때로는 침묵도, 때로는 작은 관심의 제스처도 마음을 여는 강력한 도구가 될 수 있다. 중요한 것은 진정성과 꾸준함이다.

결국 마음을 여는 핵심은 우리 자신의 마음부터 열어야 한다는 점이다. 선입견을 내려놓고, 편견을 버리고, 상대방을 있는 그대로 받아들이는 용기가 필요하다. 이러한 태도야말로 진정한 소통의 시작점이며, 어떤 세대와도 깊은 관계를 만들어갈 수 있는 근본적인 힘이다. 그러므로 내가 먼저 소통의 문이 되어야 한다.

소통의 첫걸음은 우리 자신의 마음을 열어젖히는 것에서 시작된다. 상대방에게 다가가기 위해서는 먼저 우리 스스로가 열린 마음을 가져야 한다. 이는 마치 닫혀 있는 문을 스스로 활짝 열어젖히는 것과 같다.

진정한 소통은 방어적인 태도를 내려놓는 순간부터 시작된다. 우리가 마음의 문을 활짝 열 때, 상대방도 자연스럽게 마음을 열게 된다. 이는 일방적인 강요가 아니라 서로를 이해하고 존중하는 과정이다. 상대방의 이야기에 귀 기울이고, 그들의 감정을 진심으로 받아들이는 것이 중요하다.

마음을 여는 핵심은 판단과 비난을 내려놓는 것이다. 우리는 종종 무의식적으로 상대방의 이야기를 듣기 전부터 평가하고 판단하곤 한다. 하지만 진정한 소통은 편견 없이 상대방의 관점을 이해하려 노력할 때 시작된다. 이는 상대방에 대한 깊은 존중과 공감의 표현이다.

비언어적 소통 또한 마음을 여는 중요한 방법이다. 따뜻한 미소, 눈을 마주치는 행위, 개방적인 자세 등은 상대방에게 우리가 진심으로 그들의 이야기를 듣고 싶어 한다는 메시지를 전달한다. 이러한 작은 신호들이 상대방의 마음의 문을 두드리는 부드러운 노크가 된다.

자신의 감정과 취약함을 진솔하게 드러내는 것도 중요한 소통의 방법이다. 완벽함을 가장하지 않고 있는 그대로 자신을 보여주는 용기는 상대방과의 진정성 있는 연결을 만들어 낸다. 이는 상호 간의 신뢰를 쌓는 가장 효과적인 방법 중 하나다.

경청의 기술 또한 마음을 여는 데 핵심적인 요소이다. 단순히 소리를 듣는 것이 아니라 상대방의 말속에 담긴 감정과 의미를 깊이 이해하려 노력해야 한다. 때로는 말없이 듣는 것만으로도 상대방은 충분히 공감받고 있다고 느낄 수 있다.

우리가 먼저 마음의 문을 여는 순간, 상대방 또한 자연스럽게 마음을 열게 된다. 이는 상호 이해와 존중의 시작점이며, 깊이 있는 소통으로 나아가는 첫걸음이다. 마음을 여는 것은 기술이 아니라 진심으로부터 나오는 진정성의 표현이다.

신뢰와 존중의 중요성

우리 인간관계에서 신뢰와 존중은 마치 공기와도 같다. 보이지는 않지만, 절대적으로 필요한 요소이다. 특히 시니어 세대와의 소통에서 이 두 가지 요소는 더욱 중요한 의미를 갖는다. 신뢰는 마음의 문을 여는 열쇠와도 같으며, 존중은 그 문을 부드럽게 여는 손길과 같다.

신뢰는 단순히 말로만 만들어지는 것이 아니다. 오랜 시간에 걸쳐 꾸준히 쌓아가는 감정이다. 상대방의 말에 귀 기울이고, 약속을 지키며, 진실되게 대화할 때 비로소 신뢰는 깊어진다. 시니어 세대는 오랜 인생 경험을 통해 매우 예민하게 상대방의 진정성을 감지할 수 있는 능력을 가지고 있다. 따라서 진심 어린 태도와 일관된 행동이 무엇보다 중요하다.

존중은 단순히 예의 바른 말투나 겉치레가 아니다. 상대방의 경험과 지혜를 인정하고, 그들의 감정과 생각에 깊은 관심을 보이는 것이다. 시니어 세대는 우리 사회의 귀중한 자산이며, 그들의 이야기는 값진 지혜의 보고이다. 그들의 말씀을 경청하고, 그들의 감정을 이해하려 노력하는 것이 진정한 존중의 시작이다.

신뢰와 존중은 서로 밀접하게 연결되어 있다. 진심으로 상대방을 존중할 때 신뢰가 쌓이고, 쌓인 신뢰는 더 깊은 존중으로 이어진다. 이는 마치 서로를 보듬는 따뜻한 포옹과도 같은 관계의 기본이다. 특히 세대 간 소통에서 이러한 상호 존중과 신뢰는 가장 중요한 소통의 토대가 된다.

　우리가 시니어 세대와 소통할 때 가장 주의해야 할 점은 바로 형식적이고 피상적인 태도를 버리는 것이다. 진심으로 그들의 이야기에 귀 기울이고, 그들의 감정을 이해하려 노력해야 한다. 때로는 말보다는 따뜻한 손길이, 형식적인 인사보다는 진심 어린 미소가 더 큰 신뢰와 존중을 만들어낼 수 있다. 소통은 결국 마음과 마음을 잇는 다리다. 그 다리를 튼튼하게 만드는 재료가 바로 신뢰와 존중이다. 상대방의 입장에서 생각하고, 그들의 감정을 진심으로 이해하려 노력할 때, 우리는 진정한 소통의 힘을 경험하게 될 것이다.

첫째, 첫 만남의 오버 한 스푼이 강의를 좌우한다.

　어르신들과의 수업은 첫인상에서 이미 절반 이상이 결정된다. 들어서는 순간부터 얼굴에 환한 웃음을 띠고, 눈을 맞추며 가벼운 멘트를 던지는 것만으로 분위기가 달라진다. 잘난 척을 하거나 전문 용어를 남발하면 오히려 거리를 만든다. 어르신들은 가식과 진심을 금세 알아차린다. 강의장에서 처음 마주하는 5분은 단순한 시간이 아니다. 그 순간은 수업 전체의 톤을 결정한다. 나는 어르신들을 만날 때 일부러 더 크게 웃고, 몸짓도 더 크게 사용한다. 어쩔 땐 코미디언보다 더 과장되게 오버하며, 더 큰 동작을 한다. 누군가는 "과하지 않나?"라고 할지 모르지만, 어르신들은 그런 내 모습을 보고 뻔뻔하지만, fun 하다고 즐거워하시며 마음을 여신다.

　처음 수업에서 팔짱을 끼고 앉아 정말 억지로 수업에 온 듯한 표정을 짓고 계시는 할아버지가 있었다. 나는 일부러 더 크게 동작하고 더 열심히 춤추며 체조가 끝난 후 할아버지 앞에 주저앉아 가쁜 숨을 내쉬며 "어르신, 힘들어 죽겠어요. 좀 도와주세요"라고 말했다. 그 이후 그분은 12주 동안 내 수업에 하루도 빠지신 적이 없다. 나의 뻔fun 함과 약간의 쪽팔림이 어르신에게는 진심으로 느껴진 것이다.

둘째, 교감의 언어, 몸짓과 눈빛이다.

시니어 체조에서 강사의 말보다 중요한 것은 눈빛과 몸짓이다. 손짓 하나, 어깨 으쓱하는 동작 하나에 따라 참여자의 호응이 달라진다. 말은 최소화하되 표정과 몸으로 함께 어울리는 순간, 마음이 풀리고 수업장은 웃음으로 가득해진다.

한눈에 보기만 해도 매우 수줍어하시는 할머니가 구석에 앉아 있었다. 나는 일부러 그분 쪽으로 다가가 눈을 맞추며 장난스럽게 손을 내밀었다. 어르신 얼굴에 미소가 번지더니 결국 자리에서 일어나 마지못해 손을 흔드셨다. 그리고 그 이후로도 계속 쭉 흔드신다. 눈빛과 작은 농담이 마음을 여는 열쇠였다.

셋째, 수업장을 축제로 만드는 법이다.

수업을 시작할 때 음악을 활용한다. 가볍게 흥얼거릴 수 있는 동요나 트로트 선율을 깔아 두면 몸은 자연스레 반응한다. 강의가 아니라 작은 놀이터라는 메시지를 던지는 것이다. 이때 강사의 역할은 지휘자가 아니라 동행자다. 함께 손뼉 치고, 몸을 흔들며, 나는 어르신들을 가르치러 온 사람이 아니라 같이 놀러 온 친구라는 분위기를 만든다.

파트 2.

지식을 행동으로 바꾸는 DNA: 몸으로 말하고 웃음으로 연결하라

우리는 종종 많은 지식을 가지고 있지만 실제 행동으로 옮기지 못하는 경우가 많다. 지식은 마치 먼지 쌓인 책장에 놓인 책과 같아서, 단순히 존재만 하고 활용되지 않는다면 그 가치를 잃게 된다. 진정한 의미 있는 지식은 실제 삶에 적용될 때 비로소 빛을 발하게 된다.

행동의 첫걸음은 용기이다. 아무리 작은 행동이라도 그 첫 시작은 우리의 내면에 숨겨진 두려움을 극복하는 것에서 시작된다. 만약, 새로운 기술을 배웠다면 그 기술을 즉시 실천해 보는 용기가 필요하다. 이는 단순히 이론을 암기하는 것과는 완전히 다른 차원의 학습 방식이다.

시니어 세대에게 있어 지식을 행동으로 옮기는 것은 더욱 중요하다. 오랜 경험과 지혜를 가진 분들이 그 지식을 실제 삶에 적용한다면 개인과 사회에 엄청난 긍정적 변화를 만들어낼 수 있다. 단순히 과거의 경험을 회상하는 것이 아니라 현재 상황에 그 지식을 창의적으로 접목시키는 것이 중요하다.

행동으로의 전환은 체계적인 접근이 필요하며, 먼저 자신이 가진 지식을 명확히 인식하고, 그 지식을 어떻게 실생활에 적용할 수 있을지 구체적으로 계획해야 한다.

또한, 행동의 과정에서 실수를 두려워하지 않는 자세도 필요하다. 실수는 학습의 또 다른 기회이며, 우리가 성장하는 과정에서 필수적인 요소이다. 완벽을 추구하기보다는 끊임없이 시도하고 도전하는 것이 진정한 학습의 핵심이다.

이러한 행동은 자신감을 만들어 낸다. 지식을 실제로 적용하면서 우리는 점점 더 자신감 있는 모습으로 성장하게 된다. 이는 단순히 개인의 성장뿐만 아니라 주변 사람들에게도 긍정적인 영향을 미치게 된다.

진정한 소통이란 말이 아니라 행동으로 이루어진다. 작은 행동 하나하나가 모여 거대한 신뢰의 다리를 만들어 낸다. 실제로 말보다는 행동으로 먼저 다가가는 지혜를 배워야 할 것이다.

첫째, 돈으로 배우는 라포 형성이다.

어르신들과 수업하다 보면, "나는 몸이 안 따라준다"라며 움츠러드는 분들이 있다. 그럴 때일수록 라포가 필요하다. 먼저 약간 우스꽝스럽게 몸을 흔들며 실수를 보여준다. 그러면 어르신들은 웃으면서 "저 정도면 나도 하겠다"라는 용기를 낸다. 서로 응원하며 함께하는 분위기가 곧 행동으로 이어진다.

"허리가 아파 못 한다"라고 하던 할머니께 천천히 허리를 돌리는 동작을 보여 드리면서 "어르신, 뱃살이 많아서 다이어트해야 하니 저 좀 도와서 옆에서 같이 해 주세요."라고 말씀드렸다. 할머니가 천천히 움직이시며 "어머, 생각보다 괜찮네."라고 하셨다. 그날 이후 그분은 자주 서서 허리를 돌리고 기다리고 계신다.

둘째, 웃음이 동작을 이어주는 힘이다.

팔을 들고 내리는 기본 체조라도 웃음을 섞으면 에너지가 달라진다. 강사는 웃음을 강요하지 않고, 먼저 크게 웃어 보여야 한다. 시니어 강사의 웃음은 가장 강력한 수업 도구다.

팔을 돌리며 "선풍기 1단 2단 3단이라고 생각하시고 점점 세게 웃으시기"라고 말씀드리자, 처음엔 어색해하던 어르신들이 폭소하며 따라 한다. 웃음이 근육보다 먼저 힘을 준 셈이다.

셋째, 동료애로 완성되는 수업이다.

혼자보다 옆 사람과 함께할 때 즐거움은 배가된다. 짝 체조를 넣으면 손바닥 맞대기, 어깨 두드리기, 등을 맞대고 돌리기 같은 단순한 동작도 유대감을 깊게 만든다.

처음 만난 두 분이 손바닥을 맞대고 체조하자, 금세 웃음꽃이 피었다. 첫 만남에서 나눈 어색함이 두 분을 짝꿍으로 만들어 수업이 진행되는 1년 동안 짝짝꿍 동기를 만들어 준 셈이다. 동작을 매개로 한 교감이 사람 사이의 벽을 허문 순간이었다.

파트 3.
성장을 지속시키는 DNA:
배움은 나이를 모른다

인간의 삶에서 가장 중요한 자산은 바로 지속적인 성장의 의지이다. 우리가 멈추지 않고 계속 배우고 발전할 때, 진정한 의미의 성공과 행복을 경험할 수 있다. 특히 시니어 세대에게 있어 성장은 단순한 선택이 아니라 삶의 필수 요소이다.

매일의 작은 배움은 우리의 뇌를 활성화하고 정신적 건강을 유지하는 핵심 요소이다. 새로운 기술을 배우거나, 취미를 탐구하거나, 다른 사람들과 소통하는 과정은 우리의 인지 능력을 지속해서 자극한다. 이는 단순히 지적 능력을 유지하는 것을 넘어 삶에 대한 열정과 흥미를 지속해 유지하게 해준다.

성장의 관점은 연령에 제한되지 않는다. 60대, 70대, 심지어 80대의 분들도 여전히 새로운 것을 배우고 도전할 수 있는 무한한 잠재력을 가지고 있다. 디지털 기술부터 외국어, 예술, 스포츠에 이르기까지 학습의 영역은 무궁무진하다. 중요한 것은 "할 수 없다"라는 생각을 버리고 "해볼 수 있다"라는 마인드다.

우리의 습관은 뇌를 지킨다. 인간의 뇌는 놀랍도록 복잡하고 섬세한 기억 시스템을 가지고 있다. 우리가 매일 반복하는 행동들은 뇌의 신경망을 점진적으로 강화하며, 이는 결국 우리의 기억력과 직접적으로 연결된다. 특히 시니어 세대에게 있어 좋은 습관은 인지 기능 유지의 핵심적인 전략이 될 수 있다.

좋은 습관은 단순한 반복 행위 그 이상의 의미를 지닌다. 매일 같은 시간에 독서를 하거나, 규칙적인 운동을 하고, 새로운 것을 배우는 행위는 뇌의 가소성을 유지하는 데 결정적인 역할을 한다. 이러한 습관들은 뇌의 신경세포 간 연결을 강화하고, 기억력 저하를 효과적으로 늦출 수 있다. 이러한 검증된 효과로 우리는 지속적인 학습의 필요성을 인지하게 된다.

인생의 여정은 멈춤 없이 계속되는 배움의 과정이다. 우리가 나이를 먹어간다고 해서 학습의 문이 닫히는 것은 아니다. 오히려 더 풍부하고 깊이 있는 경험을 통해 지속적인 성장을 이룰 수 있다.

평생 학습은 단순히 새로운 지식을 습득하는 것 이상의 의미를 갖는다. 이는 우리의 인지 능력을 유지하고, 세상에 대한 호기심을 계속 간직하며, 변화하는 환경에 유연하게 대응할 수 있는 능력을 키워준다. 뇌과학 연구에 따르면 지속적인 학습은 뇌의 신경 가소성을 유지하고, 치매와 같은 인지 기능 저하를 늦출 수 있다고 한다.

특히 시니어 세대에게 학습은 단순한 취미나 활동이 아니라 삶의 활력

소이다. 새로운 기술을 배우고, 디지털 세상에 적응하며, 다양한 분야의 지식을 탐구하는 것은 자존감을 높이고 사회적 연결감을 강화한다. 예를 들어, 라인댄스를 배우거나 외국어를 익히는 과정은 자신의 가능성을 확장하는 소중한 경험이 된다.

또한 지속적인 학습은 개인적 성장뿐만 아니라 세대 간 소통의 중요한 매개체가 된다. 젊은 세대와 함께 새로운 기술을 배우고, 서로의 경험을 나누면서 세대 간 이해의 폭을 넓힐 수 있다. 이는 상호 존중과 배려의 문화를 만드는 데 큰 도움이 된다.

생각해 보면 지속적인 학습은 나이와 무관하게 계속되어야 할 인생의 중요한 여정이다. 배움에 대한 열린 마음, 호기심, 도전 정신은 우리를 더욱 젊고 활기차게 만들어 준다. 매일 새로운 배움의 기회로 삼는다면, 우리는 더욱 풍요롭고 의미 있는 삶을 살 수 있을 것이다.

첫째, 수업을 생활로 연결하기다.

강의가 끝나면 어르신들은 일상으로 돌아간다. 그때 수업에서 배운 것을 활용할 수 있도록 안내해야 한다. 손목에 좋은 스트레칭을 하면서 "자녀분에게 용돈 줄까?"라고 말하며 손을 펴고 접는 동작을 하시면 "웃음도 나오고 운동 효과도 있다."라고 말이다.

둘째, 익숙한 노래와 동작 결합이다.

친숙한 트로트, 가곡, 민요에 체조 동작을 붙이면 집에서도 쉽게 따라 한다. "미스터 트롯에서 진또배기가 나오면 혈자리를 두드리시면서 어깨를 흔드세요"처럼 익숙함을 활용하면 지속성이 높다. 요즘에 부쩍 늘어난 트로트 오디션 프로그램을 많이 시청하시는 분들이라 익숙한 노래가 나올 때 포인트 동작을 기억하여 스스로 몸을 움직일 수 있게 하는 것도 방법이다.

셋째, 작은 성취의 반복이다.

어르신들이 체조를 지속하는 이유는 큰 변화 때문이 아니다. 매일 조금씩, 하지만 꾸준히 성취감을 느끼기 때문이다. 수업 마지막에는 "오늘도 해내셨습니다. 최고십니다."라고 전한다. 쌍따봉과 이 말 한마디가 집에서도 반복 할 수 있는 힘을 준다.

칭찬을 절대 아끼지 마라! 아끼다 똥 된다! 아낄 걸 아끼자!

뻔(fun)한 소통의 핵심

인간의 삶에서 소통은 단순한 정보 교환이 아닌 감정과 경험을 나누는 깊은 과정이다. 특히 시니어 세대에게 소통은 더욱 특별한 의미를 갖는다. 재미와 즐거움은 소통의 본질적인 에너지원이 될 수 있으며, 이를 통해 세대 간 벽을 허물 수 있다.

우리는 종종 심각하고 엄격한 소통만을 중요하게 여긴다. 하지만 진정한 소통은 웃음과 즐거움을 통해 더욱 깊어진다. 유머는 마음의 문을 열어주는 마법 같은 열쇠와 같으며, 서로 다른 세대 사이의 간극을 좁히는 가장 효과적인 방법이 바로 함께 웃는 것이다.

웃음은 언어의 장벽을 넘어서는 보편적인 소통의 언어이다. 나이와 상관없이 모든 이들이 공감할 수 있는 감정적 연결고리를 만들어 낸다. 특히 시니어 세대는 풍부한 인생 경험을 통해 더욱 깊고 섬세한 유머 감각을 가지고 있다. 이러한 유머 감각은 젊은 세대와의 소통에서 놀라운 교감을 만들어 낼 수 있다.

재미있는 소통은 단순히 웃음만을 의미하지 않는다. 상호 존중을 바탕으로 한 즐거운 대화, 서로의 이야기에 귀 기울이는 적극적인 경청, 그리고 진심 어린 관심이 함께 어우러져야 한다. 이러한 요소들이 결합될 때 진정한 의미의 '뻔(fun)한 소통'이 탄생한다.

시니어 세대가 가진 지혜와 경험은 놀랍도록 풍부하다. 이러한 경험을 재미있고 생동감 있게 전달할 때 세대 간 소통은 더욱 활기차고 의미 있어진다. 젊은 세대는 시니어 세대의 이야기를 통해 삶의 지혜를 배울 수 있고, 시니어 세대는 젊은 세대와의 소통을 통해 새로운 에너지를 얻을 수 있다.

소통의 즐거움은 서로를 이해하고 존중하는 마음에서 시작된다. 나이라는 틀을 벗어나 인간 대 인간으로 만나는 순간, 우리는 진정으로 소통할수 있다. 웃음, 공감, 존중이 어우러진 대화는 세대를 초월하는 강력한 연결고리가 된다.

결국 '뻔(fun)한 소통'이란 기술이나 방법론이 아니라, 서로를 인간으로서 존중하고 이해하려는 따뜻한 마음가짐이다. 즐거움과 재미는 그 마음가짐을 표현하는 가장 자연스러운 방식이다.

- 먼저 웃고, 먼저 다가가고, 먼저 벽을 허무는 것.
- 그리고, 몸으로 보여주고, 실수도 드러내며, 서로 응원하는 분위기 구축하는 것.
- 이후, 일상에서도 동작과 웃음을 이어가는 습관을 만드는 것.

이 세 단계 길은 결국 하나로 이어지며, 사람과 사람이 만나 웃음으로 이어지는 관계의 힘이다.

당장 시도할 행동 제안

- 내일 만나는 사람과 눈을 마주치며 먼저 웃어 보라.
- 거울 앞에서 양손을 들고 "하하하" 웃어 보라. 15초면 충분하다.
- 좋아하는 노래 한 곡에 맞춰 손뼉 치고 발을 구르며 내 느낌에 취해 보라.
- 작은 행동이 오늘 하루를, 내일을 바꾸는 첫걸음이 된다.

시니어 웃음 치료, 웃음인지 강사로 요양원, 주간 보호 센터부터 시작하여 현재 국민건강보험공단 백세 운동 교실, 치매안심센터, 대한 노인회에서 일하면서 많은 경험과 지식은 축적되었지만, 사람인지라, 처음 만남의 어색함과 쑥스러움은 항상 안고 가야 하는 부분이다.

그래도 이 일을 하면서 처음부터 변하지 않는 점은 비록 경직되고 어설퍼 보일지라도, 잃지 않는 미소와, 그리고 웃음이다. 그리고 그 웃음과 미소의 소통이 나를 여기까지 성장시켜 왔다.

진정한 소통은 웃음을 통해 상대방의 고유한 존재를 인정하고 그 사람의 삶을 경외하는 태도에서 시작된다. 이는 단순한 호칭을 넘어 깊은 상호 존중의 표현이다. 어르신의 이름을 불러 드리며, 따뜻한 미소와 진심 어린 눈빛을 더해준다면 그 소통의 깊이는 더욱 깊어질 것이다.

뻔 fun 한 강사의 DNA는 웃음으로 시작해 웃음으로 완성된다. 웃음은 마음을 열고, 행동을 만들고, 일상 속에서 습관이 된다. 오늘도 나는 현장에서 어르신들과 함께 웃는다. 그 웃음 속에서 건강과 관계, 삶이 살아난다.

오늘 우리는 얼마나 웃었는가? 그리고 다시 다짐하라. 오늘부터, 지금부터, 웃으며 몸을 움직이는 작은 습관 하나를 시작하자.

"늦었다고 생각할 때가 정말 늦었다."라고 개그맨 박명수가 던진 말이 있다. 늦었다고 생각할 때가 가장 빠른 게 아니다. 늦은 건 늦은 거다. 단지 시작점이 어디쯤이든 상관없다는 것이다. 뻔하지만 fun 한, 서툴지만 진심인, 그런 강사로 계속 성장해 나가자.

20년 후에도, 30년 후에도, 나는 여전히 현장에서 웃고 있을 것이다.
오늘도 웃음으로, 내일도 웃음으로, 이것이 나의 DNA이고, 당신의 DNA가 되기를 바란다.

마음의 온도를 1도 올리는 병원 CS

금채(金琋) 손 예 주

금채 대표
행정안전부 안전교육 전문인력
조직 활성화 및 역량 강화 교육 전문강사
병원 맞춤형 교육 전문가

'사람과 조직을 살리는 것이 목적이고, 교육은 수단이다' 라는 가치관으로 교육을 통해 건강한 삶을 나누고 있다.

나에게 있어서 교육은 '숨결'이다. 학습자의 마음에 숨을 불어넣고, 행동에 온기를 더하며, 지속 가능한 성장을 도움으로써 사람과 조직에 생명력과 활력을 불어넣는다.

특히 병원 조직의 역량 강화를 위한 CS 교육은 간호사로 시작해 강사가 된 나에게 남다른 의미가 있다. 감정 소모와 격무에 지쳤던 간호사 시절부터 친절을 가르치는 CS가 아닌, 직원을 먼저 숨 쉬게 하는 CS를 갈망해 왔기 때문이다.

이 갈망이 불씨가 되어 지금 직원들의 마음 온도를 1도 먼저 올리는 병원 CS 교육을 하고 있다. 사람의 행동 스위치를 켜려면, 먼저 이 사람의 마음 온도를 올려야 한다.

이 책을 통해 병원 CS 교육 현장에서 축적된 경험과 통찰을 나누고자 한다. 나의 경험과 통찰이 당신의 강의에 새로운 숨결을 불어 넣고, 학습자의 삶에 긍정적인 파동을 일으키는 단단한 주춧돌이 되기를 진심으로 바란다.

파트 1.
마음을 여는 DNA:
첫 15분, 마음 열기의 골든타임

병원 복도를 걸어본 사람이라면 누구나 진료실 앞 대기실의 무거운 공기를 알 것이다. 불안과 걱정이 뒤섞인 그 공간에서 환자들은 의료진의 첫인상에 모든 것을 맡긴다.

강의실도 마찬가지다. 학습자들은 강의실 문을 열고 들어서는 순간부터 '똑같은 의무교육이겠지', '어차피 현실성이 없는 내용일 거야'라는 선입견의 톱니바퀴를 돌리기 시작한다.

강사는 이 톱니바퀴가 만드는 벽을 허물어야 한다. 그래서 나는 첫 15분을 '마음 열기의 골든타임'이라고 부른다.

첫 5분, 방어막을 내리게 하는 질문

"여러분, 지난 한 달 동안 누군가에게 욕먹은 경험 있으세요?"라는 질문으로 종종 강의의 문을 연다.

질문이 끝남과 동시에 조용하던 교육장이 술렁인다. 고개를 끄덕이는 사람도 보이고, 누군가는 쓸쓸하게 웃는다.

"손 한번 들어볼까요. 환자나 보호자에게 부당한 말을 들어본 적 있는 분?"

두 번째 주어진 질문에 거의 모든 손이 올라간다. "그때 기분이 어땠나요? 한 분만 말씀해주세요."

강의장에서 처음 이 질문을 던졌을 때의 일이다.

한 간호사가 조심스럽게 입을 열고 "제가 잘못한 것도 아닌데 억울했어요. 누군가의 감정 쓰레기통이 된 기분이었어요."라고 말하면서 눈물을 글썽였다. 대답을 듣고 나서 나는 그 학습자에게 동조와 함께 다시 질문을 던졌다. "맞아요. 억울하죠. 그리고 그 억울함을 집까지 가져가셨죠?" 어느새 강의장은 공감의 눈빛들로 가득 찼다.

이 5분이 전부를 바꾼다. 내가 먼저 그들의 상처를 인정하면, 그들도 비로소 귀를 연다.

가끔은 "오늘 여러분이 제일 듣기 싫은 말이 뭔지, 제가 한 번 맞춰 볼까요? 친절하게 합시다. 맞죠?"라는 질문을 던지며 너스레를 떨기도 한다.

질문 하나로 강의장에 순간 웃음이 터지고, 그 웃음 속에서 긴장이 풀린다. 그제야 교육장이 '듣는 자리'가 아니라 '나누는 자리'로 변한다.

공감의 이 한마디가 마음의 문을 열게 하는 첫 스위치가 되고, 학습자는 방어막을 내려놓는다.

병원 CS교육이 실패하는 이유는 간단하다. 직원의 감정은 무시하고, 환자의 감정만 챙기라고 하기 때문이다. 사람은 자신이 존중과 공감을 받지 못한다고 느끼면, 타인을 존중하고 공감할 수 없다. 아무리 좋은 콘텐츠라도 학습자의 마음의 문을 열지 못하면 그저 공허한 메아리에 불과하다. 병원이라는 돌봄의 최전선에서 일하는 의료진들에게는 교육에 앞서, 그들의 소진된 마음을 어루만져 주는 시간이 필요하다는 것을 꼭 잊어선 안 된다.

존재가 감동이었던 순간의 회상

교육 초반, "병원에서 일하면서, 누군가에게 고맙다는 말을 들었던 순간을 떠올려보세요. 아주 작은 순간이라도 좋아요."라는 미션을 던지고 질문을 하는 편이다.

최근 진행한 중소병원 교육에서도 어김없이 학습자들에게 미션을 던지고 질문을 했다. 그런데 다들 '그런 적 있었나?'라는 표정으로 멍하니 있었다. 1~2분 기다렸음에도 아무런 대답이 없어서 맨 앞줄에 앉아있는 한 명을 지목했고, 해당 학습자가 천천히 말문을 열었다. "작년 겨울에 어르신 한 분이 외래 가는 길을 못 찾고 헤매고 계셔서, 제가 손잡고 동행한 적이 있어요. 그때 어르신이 제 손을 꼭 잡으시면서 바쁠 텐데 도와줘서 정말 고맙다고 하시더라고요." 대답하는 학습자의 목소리가 떨렸고, 순간 교육장의 공기가 바뀌면서 다른 사람도 하나둘 이야기를 꺼냈다.

이 순간이 중요하다. 자신이 누군가에게 의미 있는 존재였다는 걸 기억해 내는 순간, 학습자들의 눈빛이 달라진다. 나는 학습자들이 나누는 경험을 집중해서 듣고, 목소리에 힘주어 이야기했다.

"여러분은 이미 누군가에게 감동을 주었고, 좋은 경험을 선물했어요. 그 순간들이 바로 CS의 본질이에요. 매뉴얼이 아니라 진심이었고, 기술이 아니라 마음이었어요."

자기 효능감을 깨우는 역할 재정의

병원 직원들이 번아웃 되는 이유 중 하나는 자신의 역할을 너무 좁게 정의하기 때문이다.

'나는 그냥 접수 담당이야.', '나는 그냥 안내하는 사람이야.'라는 생각이 자존감을 갉아먹는다.

"여러분, 환자가 우리 병원에 왔을 때 제일 먼저 만나는 사람이 누굴까요?"라고 묻는 나의 질문에 학습자들이 대답한다. "접수 담당자요."

대답을 듣고 나는 다시 질문한다. "맞아요. 그럼, 그 순간 환자는 어떤 감정일까요?"

머뭇거리며 누군가가 대답한다. "아파서 병원에 왔으니, 불안하고 걱정이 되겠죠."

학습자의 말에 내가 또 말한다. "그렇죠. 불안하고, 긴장되고, 어떻게 될지 모르는 상태예요. 그 순간 여러분이 어떻게 대하느냐에 따라 환자의 불안이 줄어들 수도 있고, 더 커질 수도 있어요. 여러분은 단순히 접수하는 사람이 아니라, 환자의 불안을 최초로 마주하는 사람입니다." 내 말에 학습자들의 표정이 달라진다.

"안내 담당자도 마찬가지예요. 길을 잃은 환자에게 여러분은 방향이 아니라 안심을 주는 사람이에요. 여러분의 말 한마디, 시선 하나가 환자에게는 이 병원이 나를 신경 쓴다고 느끼게 하는 신호예요. 잊지 마세요. 여러분 한 분 한 분이 ○○병원의 브랜드이자 이미지 메이커입니다."

이 재정의 과정이 핵심이다. 역할과 존재의 의미를 다시 발견할 때, 의료진들은 자기 일에 보람을 느끼고 자부심을 품기 시작한다.

파트 2.

지식을 행동으로 바꾸는 DNA: 감정의 주인이 되는 루틴

의료진 중 CS의 중요성을 모르는 사람은 없다. 다만 아는 것과 실제로 행동하는 것 사이에는 거대한 협곡이 존재할 뿐이다.

본인에게 질문을 한 번 던져 보자. 바쁜 업무 중일 때 스트레스가 극에 달했을 때, 까다로운 보호자를 만났을 때, 교육받은 대로 한 치의 오차도 없이 행할 수 있을까?

지식을 행동으로 바꾸는 과정은 인식(왜, 필요한가?), 연습(어떻게 하는가?), 체화(자연스럽게 나오는가?)의 3단계를 거친다. 가장 중요한 것은 마지막 체화 단계다. 의식하지 않아도 자연스럽게 나오는 수준까지 반복 연습해야 한다. 마치 자전거 타기처럼 몸이 기억하는 수준까지 말이다. 하지만 이 과정은 반복 학습의 문제만이 아니다. 몸과 마음이 하나가 되어 자연스럽게 우러나오는 행동으로 만드는 것이 핵심이다.

감정노동 실체의 가시화

"친절해야 한다", "공감해야 한다."라는 이론은 누구나 안다. 그런데 왜 실천이 안 될까?

바로 감정의 폭발 때문이다.

나는 교육 중반, "지금부터 여러분이 업무하면서 실제로 겪었던 가장 황당한 상황을 포스트잇에 적어보세요."라고 운을 뗀다. "익명이니까 솔직하게 적으시면 됩니다."

"수액 맞는데, 왜 시간이 오래 걸리냐고 소리 지르셨어요.", "대기 시간 길다고 데스크를 손으로 탁탁 치시면서 협박하듯 말씀하셨어요.", "아픈 건 나인데, 왜 당신이 힘들어 보이냐고 하셨어요." 등 다양한 황당 경험담이 적힌 포스트잇이 쌓여 간다.

포스트잇이 다 쌓이면, 화이트보드에 붙이고 함께 살펴보며 내가 묻는다.

"이런 순간, 여러분 몸에서는 어떤 반응이 일어나나요?"

"가슴이 쿵 내려앉아요.", "속이 부글부글 끓어요.", "한숨이 나요.", "손이 떨려요.", "머리가 하얘져요." 등의 대답이 쏟아진다.

"맞아요. 그게 정상이에요. 우리가 나약해서가 아니라, 사람이기 때문이에요."라고 나는 그들을 인정하는 말을 한다.

이 인정이 중요하다. 자신의 감정 반응을 '나의 문제'가 아닌 '자연스러운 반응'으로 받아들일 때, 사람들은 비로소 그 감정을 다룰 수 있는 여유를 갖게 되기 때문이다.

자가 진단

　직무 스트레스와 회복탄력성 지수 자가 진단은 병원 근무자들의 심리적 안정과 업무 효율성 향상을 위해 중요하다. 인지심리학의 '메타인지 이론'에서 보더라도 자신의 심리 상태를 객관적으로 인식해야 비로소 행동 수정이 가능함을 알 수 있다. 자가 진단 없이 CS 스킬만 교육하는 것은 '토대 없이 집을 짓는 격'이다. 자기 인식이 행동 변화의 시작점이다.

　교육 참여자가 교육 중간에 개인 모바일에서 스트레스나 직무 스트레스 검사를 프라이버시 노출 우려 없이 손쉽게 진행할 수 있도록 항상 QR 코드를 준비한다. 검사를 진행해 보면, 본인이 스트레스를 받고 있다고 생각하지 않았는데 스트레스 지수가 높은 사람도 있고, 스트레스를 받고 있음을 인지했는데 생각보다 지수가 낮게 나오는 사람도 있다. 이렇게 사람들이 느끼는 스트레스와 실제 스트레스 수준은 다를 수 있다. 나는 이 점을 고려해 회복탄력성 검사를 함께 실행할 수 있도록 준비한다. 스트레스 대처 능력까지 파악해야만 좀 더 정확한 심리 상태를 진단할 수 있기 때문이다. 그리고 회복탄력성이야말로, 지속 가능한 서비스의 핵심이자 열쇠임을 일깨워 주려고 한다.

　이는 자가 진단을 통해 학습자 스스로 스트레스의 원인을 파악하고, 그 극복 방안을 찾아 대처 능력을 높임으로써 긍정적인 고객 응대력과 서비스의 질을 향상시킬 수 있도록 이끌기 위함이다.

3초 법칙

병원 현장에서 가장 어려운 순간은 '화가 났을 때'다. 환자의 무례한 말, 보호자의 부당한 요구, 동료의 무신경한 태도 등에 우리는 본능적으로 반응한다. 그리고 그 반응이 또 다른 민원이나 문제를 야기시킨다.

나는 본능의 불을 끄게 해줄 '3초 법칙'을 응급처치법으로 알려준다.

화가 치밀어 오르는 순간, 3초만 멈추는 것이다. 그리고 그 3초 동안 이 한 문장을 떠올리라고 한다. "이 사람도 아프거나, 불안하거나, 지쳐 있을 거야."

이건 무조건적인 인내가 아니다. 현명한 자기 보호다. 감정적으로 반응하는 순간, 나 자신이 더 상처받고 소진된다. 하지만 3초를 버티면, 나는 '반응'이 아닌 '대응'을 선택할 수 있다.

'3초 법칙'의 실전 훈련은 두 명씩 짝을 이뤄 진행한다. 한 명이 억지 민원을 제기하면, 다른 한 명은 3초간 침묵한 뒤 대답한다. 처음엔 어색하다. 하지만 반복할수록 그 3초가 얼마나 강력한지 체감한다. "강사님, 이거 정말 신기해요. 3초만 참았는데, 하려던 말이 완전히 바뀌더라고요. 원래는 '그건 제 업무가 아닌데요'라고 하려고 했는데, 3초 뒤엔 '제가 담당자 연결해드릴게요'가 나왔어요."라고 실습 후기를 남긴 학습자가 있다.

이게 바로 지식을 행동으로 바꾸는 행동 스위치다.

공감 미러링

상대방의 행동, 표정, 말투 등을 무의식적으로 따라 하게 될 때, 상대방이 나에게 더 호감을 느끼고 친밀감을 형성하게 되는 심리적 현상을 거울 효과라고 한다. 이 거울 효과를 CS에 활용하는 것이 공감 미러링이다. 상대방의 말, 감정, 행동을 거울처럼 따라 하면서 공감하는 기법으로 말투, 표정, 몸짓 등을 따라 하고, 상대의 감정을 요약하거나 인정하는 말을 통해 깊은 이해와 유대감을 형성할 수 있다.

두 명 짝을 이뤄 한 명은 다른 한 명이 사용하는 표정, 몸짓, 손짓을 은연중에 따라 하면서 상대방과 말투, 어조, 말하는 속도 등을 비슷하게 맞추며 대화한다. 상대방의 호흡 리듬에 맞춰 대화 방식을 조절하면서 "많이 힘들었겠네요", "기분이 많이 상했겠네요"와 같은 공감의 말로 상대방의 감정을 직접적으로 읽어준다. "그러니까, ~라는 뜻이군요."처럼, 상대방이 말한 내용을 자신의 말로 요약해서 다시 말해주는 공감 미러링 기법도 실습해 본다. 대화 중간중간에 "그럴 수 있겠네요", "충분히 이해가 가네요"라고 상대방의 말이나 감정을 있는 그대로 인정하고, 받아들여 주는 기법도 익힌다. 이 훈련 과정을 통해 친밀감과 유대감을 형성하고, 갈등을 예방하는 법을 자연스럽게 습득할 수 있다.

긍정 프레이밍 연습

CS에서 긍정적 표현은 고객의 신뢰와 긍정적 경험을 구축하여 고객 만족도와 브랜드 충성도를 높이는 핵심 요소라고 해도 과언이 아니다.

부정적인 표현은 고객에게 실망과 불안감을 줄 수 있지만, 긍정적이고 공감적인 언어는 문제 해결에 대한 희망을 주고 고객과의 관계를 긍정적으로 변화시킬 수 있다. 같은 상황이라도 어떻게 표현하느냐에 따라 전혀 다른 느낌과 영향을 줄 수 있다는 말이다.

"못 해 드립니다. → 이런 방법으로 도와드릴 수 있습니다, 잠깐만요. → 곧 확인해 드리겠습니다, 모르겠습니다. → 정확한 정보를 확인해서 알려드리겠습니다."와 같이, 부정적 표현을 긍정적으로 바꾸는 연습을 몸으로 익힌다. 부정적 표현 카드를 나눠주고 긍정 프레이밍으로 바꿔 말하는 게임을 하기도 한다.

처음에는 어색하지만 반복하다 보면 자연스럽게 긍정적 표현이 입에 밴다.

내부 고객, 보이지 않는 CS의 시작점

병원 CS 교육에서 가장 많이 빠지는 게 있다. 바로 동료 간의 관계다. 환자에게는 친절한데, 동료에게 차갑다면 어떻게 될까?

그 차가움은 결국 환자에게도 전달된다.

"오늘 아침 출근해서 동료에게 먼저 인사하셨나요?", "동료가 힘들어 보일 때, 괜찮냐고 물어본 적 있으세요?"라고 교육 때마다 항상 질문을 던져 보지만, 그렇다고 대답하는 사람을 만나기는 좀처럼 힘들다. 환자에게 공감하라고 배우는데, 바쁘다는 이유로, 혹은 나도 힘들다는 이유로 정작 옆에 있는 동료의 힘듦은 모른 척하는 경우가 많다.

나는 강의장에 서면, "오늘 점심 뭐 먹을까요?", "아까 그 환자 힘들었죠?" 등과 같은 짧은 말 한마디로 하루에 동료 중 딱 한 명만 챙겨 보라고 권한다. 나의 권유를 따랐던 간호사 한 분이 이런 말씀을 주셨다. "제가 동료를 챙겼더니, 그 동료가 저를 챙겨 줬어요."

내부 고객을 챙기는 것이 진짜 CS의 시작이다. 내부 고객이 만족해야 외부 고객에게도 좋은 서비스를 제공할 수 있다. 그뿐만 아니라 내부 고객을 챙김으로써 긍정적인 조직 분위기를 조성하면, 이 또한 고객 만족도 증대로 이어진다.

따뜻한 말 한마디

한 사람이 보내는 "오늘 수고했어요.", "도와줘서 고마워요.", "덕분입니다.", "감사해요", "당신이 최고예요!"와 같은 따뜻한 말 한마디가 감정의 순환을 일으키고, 병원 조직 전체의 온도를 바꾼다.

각자가 듣고 싶은, 혹은 좋아하는 따뜻한 말 한마디를 포스트잇에 적게 한다. 그리고 강의장 내에서 곳곳을 이동하며 따뜻한 말 한마디를 선물하고 싶은 다른 학습자의 옷에 포스트잇을 붙이게 한다. 활동을 시작하자마자 강의장 온도는 1도 이상 오른다.

자기돌봄을 위한 향기 호흡

아로마 테라피는 식물에서 추출한 에센셜오일의 향을 통해 뇌의 감정 부위인 변연계를 자극하여 감정 상태를 긍정적으로 변화시킨다. 향을 맡으면 후각 세포를 통해 뇌로 자극이 전달되어 스트레스 완화, 심리적 안정, 숙면 등 다양한 효과를 얻을 수 있다.

감정노동으로 인해 소진되기 쉬운 학습자들에게 아로마오일을 이용한 향기 호흡을 통해 자기돌봄을 이끈다. 이런 자기돌봄 활동은 의료진의 감정 회복력과 자기 효능감을 높여 준다.

파트 3.
성장을 지속시키는 DNA:
1% 더 나은 내일을 설계하는 루틴

교육은 끝났지만, 변화는 이제 시작이다.

병원 CS 교육은 단발성으로 효과를 내기 어렵다. 친절은 훈련이 아니라 습관이고, 그 습관은 '의미 있는 반복'에서 시작되기 때문이다. 그래서 강의가 끝난 후에도 학습자가 스스로 실천하고, 지속 가능한 성장을 할 수 있도록 교육 이후 루틴을 설계한다. 성장을 지속시키는 DNA의 핵심은 '작은 실천의 축적'이다.

100일 챌린지

병원 CS 교육의 가장 큰 적은 '일상의 무게'다. 교육받을 땐 감동하고 다짐하지만, 업무 현장으로 돌아가면 다시 밀려드는 일, 까다로운 환자, 반복되는 스트레스 속에서 배운 것들은 쉽게 잊혀진다. 그래서 나는 '100일

챌린지'를 제안한다. 단지 100일 동안, 딱 한 가지만 실천하는 것이다.

어느 종합병원과 함께 진행한 사례가 있다. 교육 후 전 직원이 참여하는 '인사 챌린지'를 만들었다. 규칙은 단순했다. 복도에서 마주치는 사람에게, 직급이나 부서에 상관없이 먼저 인사하는 것이었다. 처음 한 달은 어색했지만, 두 달째부터 변화가 시작됐다고 했다. 서로 눈을 마주치는 사람들이 늘었고, 복도가 조금씩 따뜻해졌다는 것이다. 100일이 지난 후, 병원으로부터 놀라운 소식을 들을 수 있었다. 환자 만족도와 함께 직원 만족도도 올랐다는 거였다.

변화는 거창한 것에서 시작하는 것이 아니다. 100일간 반복된 작은 실천이 문화가 되고, 그 문화가 조직을 바꾼다.

성장을 기록하는 감사일기

나는 교육 후 참가자들에게 '감사일기'를 권한다. 하지만 일반적인 감사 일기가 아니다.
병원 현장에 특화된 버전으로 매일 퇴근 전 3분, 딱 한 줄만 적는 것이다.

- 오늘 내가 잘 대응한 상황 한 가지.
- 오늘 누군가 내게 해준 고마운 말이나 행동 한 가지.
- 오늘 내가 누군가에게 도움을 준 순간 한 가지.

이 중에서 하나만 골라 적으면 된다. 형식도 자유다. 수첩에 적어도 되고, 스마트폰 메모장에 남겨도 된다. 중요한 건 '기록'이다.

3개월 뒤, 그 기록을 다시 읽다 보면, 평범한 일상으로 보내온 수많은 나날이 선한 순간들로, 성장의 과정들로 빼곡히 채워져 있는 놀라움을 발견하게 될 것이다.

성장은 자신의 가치를 재발견하는 과정에서 온다.

NEXT를 여는 피드백 카드

강의 마지막 5분, 나는 이렇게 묻는다. "오늘 배운 것 중 내일 바로 실천할 한 가지는 무엇인가요?" 그리고 그 답을 학습자들이 'NEXT 카드'에 적게 한다.

한 달 뒤, 병원을 방문해서 카드를 다시 펼쳐보면, 학습자들이 작성한 "환자에게 미소 먼저 건넸어요.", "동료에게 고마움을 표현했어요." 등의 피드백이 선명히 적혀 있다. END가 아닌 AND의 교육, LAST가 아닌 NEXT를 여는 교육이 분명 존재함을 이 과정을 통해 확인할 수 있다.

학습자가 만드는 서비스 명언

강의를 마무리하기 전에, 학습자들에게 이렇게 말한다. "오늘 배운 것을 한 문장으로 남겨보세요. 여러분만의 서비스 철학을 만들어 보는 거예요." 그리고 그 문장을 병원 내 게시판에 공유한다.

이 활동은 '자기 선언'이다. 선언은 책임을 만든다. 그리고 책임은 행동을 지속시킨다.

학습자가 만드는 문장 하나가 조직을 움직일 수 있다.

CS 행동 다짐 지문 트리

각자 피드백 카드와 서비스 명언 작성으로 CS 행동의 실천 의지를 높인 이후에는 모든 학습자가 함께 지문 트리를 만들며 실천 다짐을 하는 시간을 갖는다.

학습자들은 색색 가지 스탬프 패드에 손가락을 찍고 본인의 지문으로 시트지의 나무에 지문 잎을 입힌다. 완성된 지문 트리는 액자에 담아 병원에 걸어 둔다. 학습자들은 지문 트리를 보며 교육 때 다진 다짐을 다시 새기고, 이것이 또 실천을 이끄는 스위치가 된다.

나만의 회복 루틴 만들기

"여러분, 힘든 날 자신을 스스로 회복시키는 방법이 있나요?"라고 묻고 마지막으로 개인의 회복 루틴을 설계하게 한다. 이때 "출근길에 좋아하는 음악 한 곡 듣기.", "점심시간에 병원 옥상에서 5분만 하늘 보기.", "퇴근 후 좋아하는 카페에 10분만 앉아있기." 등과 같은 좀 더 적극적인 회복 루틴을 제안한다.

작지만 의도적인 회복 루틴을 만든 한 학습자가 말했다. "저는 퇴근하고 집 가기 전에 그냥 아무 생각 없이 공원 벤치에서 10분 앉아 있어요. 그러고 집에 가면 가족들한테 짜증 안 내게 되고, 다음날 출근해서 저를 힘들게 했던 환자를 만나도 화가 덜 나더라고요."

이게 지속 가능한 CS의 비밀이다.
자신을 먼저 돌볼 줄 아는 사람만이, 타인도 오래 돌볼 수 있다.

지금, 숨을 불어 넣어라

병원 CS 교육은 친절 스킬 교육이 아니다. 소진된 의료진들의 마음을 치유하고, 잃어버린 소명 의식을 되살림으로써 환자와 보호자에게 더 나은 경험을 디자인하는 일이다.

내가 여기서 전하고 싶은 메시지는 단 하나다.

"직원이 먼저 숨 쉬게 하라."

직원이 숨을 고르고 마음의 여유를 되찾을 때, 그 온기가 환자와 동료에게, 병원에 자연스럽게 번진다. 그것이 진짜 'CS'의 시작이다. 다시 말해, 학습자에게 숨을 불어넣고 마음 온도를 1도 올리면, 그는 자신의 역할에 대한 가치를 느끼고, 감정을 조절하며, 자기효능감을 회복하는 과정을 통해 환자뿐 아니라 동료와 조직 전체에 다시 생명을 불어넣는다.

숨을 불어넣을 당신이 바로 적용할 수 있는 세 가지를 아래와 같이 제안한다.

첫째, 오늘 내 감정을 점검하게 하라. 감정이 곧 서비스의 온도다.

둘째, 하루에 한 번, 동료 한 명을 칭찬하게 하라. 작지만 조직을 움직이는 시작점이다.

샛째, END가 아닌 AND로 끝내라. 다음을 여는 교육, 그것이 강사의 DNA다.

강사는 무대 위의 스타가 아니다. 무대 뒤에서 학습자를 빛나게 하는 조력자다. 당신이 만난 학습자 한 명 한 명이 현장으로 돌아가 환자를 대하고, 동료를 대하고, 자기 자신을 대하는 방식이 달라진다면, 그것이 바로 우리가 꿈꾸는 변화다.

당신이 누군가의 스위치를 켜고, 그 작은 불빛이 모여 조직 전체를 밝히기를 바란다. 학습자의 행동 스위치를 켜는 것은 특별한 재능이 아니라 진심 어린 실천의 문제다.

바로 지금, 이 순간부터 시작하라! 우선, 천천히 숨을 먼저 불어넣고 마음 온도를 1도 올리는 것부터 해 보자!

AI 시대의 부모 마인드셋

송 미 정

(주)부모마인드셋연구소 대표
한국콘텐츠능률협회 부회장
성산효대학원 여성역량개발 책임교수
입시진로 및 부모교육 전문가

학부모 대상으로 입시특강을 할 때면, 강의 내내 학부모들 얼굴에는 기대와 불안이 교차하는 것을 볼 수 있다. 강의 후 질의응답 시간에 입시 정책이 너무 자주 바뀌니까 불안하다는 대입과 관련된 질문을 주로 받는다. 한편으로는 "성적만 신경 쓰다가 저희 아이, AI 시대에 뒤처지는 건 아닐까요?"라는 시대상을 대변하는 질문들이 동시에 쏟아진다.

나는 20년간 대치동 교육특구에서 학생과 학부모를 만나오며 깨달은 것이 있다. 정보가 문제가 아니라는 것이다. 요즘 부모들은 정보가 너무 많아서 오히려 혼란스러워한다. SNS, 맘카페, 유튜브, 각종 입시 설명회 등의 정보의 홍수 속에서 학부모들은 방향을 잃고 표류한다. 특히 AI라는 단어가 등장하면서 이 혼란은 극에 달했다. "우리 때와는 완전히 다른 세상이니 예전 방식은 통하지 않는다."라는 말에 부모들은 본인의 경험마저 무용지물로 여긴다.

하지만 과연 그럴까?

내가 학부모에게 입시 정보만 전달하지 않고 부모 마인드셋을 강의하는 이유는 명확하다. AI가 바꾸는 것은 '도구'이지 '본질'이 아니기 때문이다. 아이를 키우는 부모의 역할, 진로를 고민하는 청소년의 마음, 배움에 대한 열정…. 이런 것들은 AI가 등장하더라도 변하지 않는 본질이다. 오히려 급변하는 AI 시대일수록 부모가 중심을 잡고 마음을 단단히 다잡아야 한다.

AI 시대를 살아가면서 입시 진로 및 부모 교육 강사들에게 새로운 시각을 제시하기 위해 공저 집필을 시작했다. 중고생 학부모에게 입시 관련 정보 외에도 부모의 마인드 강화를 위한 솔루션을 제공하고자 한다. 이 글에는 부모 마인드셋을 목표로 부모의 방향을 잡아주는 강의를 어떻게 설계할 것인지, 그간의 시행착오와 깨달음을 담았다. 자녀의 미래를 대비하고 싶은 학부모들의 눈빛이 달라지는 순간을 여러분도 곧 경험하게 될 것이다.

파트 1.
마음을 여는 DNA:
불안 공감이 시작이다

학부모의 불안을 읽어내는 눈

강의를 시작하기 전, 나는 항상 30분 일찍 강의장에 도착한다. 학부모들이 하나둘 들어오는 모습을 관찰하기 위해서다. 스마트폰을 보며 입시 정보 카페를 검색하는 엄마, 옆 사람과 요즘 잘 나가는 수학학원을 공유하는 엄마, 뭔가 불만스러운 표정의 아빠, 다이어리에 메모를 준비하는 학부모. 이들의 공통점은 무엇일까? 바로 '불안'이다.

"강사님, 제 아이는 중2인데 아직도 장래 희망이 없다고 해요. 고교학점제는 진로가 중요하다는데 괜찮을까요?" 지난달 어느 강연장에서 한 어머니가 던진 질문이다. 이 질문 뒤에 숨은 진짜 걱정은 무엇일까? 혹시 우리 아이만 뒤처지는 건 아닐까? 부모로서 내가 정보가 부족한 건 아닐까? 라는 일종의 비교 불안이다.

여기서 이렇게 말하는 강사가 있다. "어머니, 중2면 아직 괜찮아요. 천천히 찾으면 돼요."라고 달콤한 위로부터 한다. 하지만 이런 답변은 학부모의 마음을 열지 못한다. 오히려 '이 강사는 현실적인 상황을 잘 모르는구나.'라는 생각만 들게 한다.

나는 이렇게 답한다. "SNS나 유튜브에서 중2 때 이미 진로가 정해진다는 글들 보셨죠? 그런 글 보면 가슴이 철렁하시죠?"라고 하면 어머니의 눈빛이 달라진다. "어떻게 아셨어요? 맞아요, 어제도 그런 글 보고 잠을 못 잤어요."

이것이 학부모 대상 강의의 첫 번째 DNA다. 불안을 부정하거나 무시하지 않는다. 오히려 정확히 읽어내고 공감한다. 그래서 맞춤 솔루션을 제시할 수 있다. "당연히 불안하실 수밖에 없습니다. 저도 제 아이 키울 때 그랬어요."라고 솔직하게 말하는 순간, 강사와 학부모 사이의 벽이 허물어진다.

실패한 부모의 고백이 명강의를 만든다.

강사들은 PPT 안에 성공 사례를 강조한다. "이렇게 하면 SKY 갑니다.", "이 방법으로 의대 보냈어요." 하지만 학부모들은 이런 이야기를 들으면 오히려 위축된다. 우리 아이는 저 정도 수준은 아니라는 생각이 먼저 들기 때문이다.

나는 강의 오프닝 10분을 나의 실패담으로 시작한다. "제 딸이 중학교 때 사춘기와 친구 문제까지 겹쳐서 성적이 곤두박질쳤어요. 입시 전문가도 정작 자기 아이 교육은 어렵더군요. 그때 저는 딸에게 너 이러다가 인생 망친다고 최악의 말까지 했습니다."

강의실이 조용해진다. 학부모들의 눈빛이 달라진다. 입시 전문가도 실패하는구나, 나만 못하는 게 아니었다는 안도감이 퍼진다. 이 순간이 중요하다. 실패를 통해 동질감을 만들고, 그 실패를 어떻게 극복했는지 보여주는 것이 진짜 교육이다.

"그 후 저는 딸에게 좀 더 넓은 세계를 보여주자는 생각으로 휴일을 이용하기로 했습니다. 학교생활을 캐묻기보다는 다른 지역 학생들이 모이는 체험 수업 등에 참여시켰어요. 친구 한두 명에 집중하지 않고 새로운 친구를 만날 기회를 주고자 했습니다. 그랬더니 딸아이는 점점 밝아지고 학교에서의 사소한 갈등에 담담하게 대처하더군요."

이런 스토리텔링의 힘은 강력하다. 학부모들은 실패담을 통해 나도 할 수 있겠다는 용기를 얻는다. 무엇보다 입시 전문가가 아닌, 같은 고민을 하는 부모로서 강사를 신뢰하기 시작한다.

AI 불안을 현실로 끌어내리는 질문법

"AI가 모든 걸 대체한다는데, 우리 아이는 뭘 해야 하나요?" 이 질문을 받으면 강사들은 AI의 미래, 필요한 역량 등을 장황하게 설명한다. 하지만 학부모들은 이런 거시적인 이야기에 공감하지 못한다.

나는 이렇게 접근한다. "AI가 대체할 수 없는 것이 뭘까요? 한번 생각해 보세요." 그리고 30초간 침묵한다. 학부모들이 스스로 생각하게 만드는 것이다. 그러면 이런 답들이 나온다. 감정? 창의성? 인간관계?

"맞습니다. 그런데 우리는 아이들에게 그런 걸 가르치고 있나요? 오히려 수학 문제 하나라도 더 풀어, 영어 단어 더 외워, 라고 하지 않나요? 그건 AI가 훨씬 잘하는 것들입니다."

이 질문은 학부모들에게 깊은 성찰을 준다. AI 시대를 걱정하면서도 정작 아이 교육은 과거 방식에 갇혀 있었다는 것을 깨닫게 된다. 이것이 마인드셋 변화의 출발점이다.

오프닝 이후 15분, 나는 세 가지 질문을 던진다.

첫째, 최근 한 달간 아이와 진로에 대해 대화한 시간이 얼마나 되나요?

둘째, 아이가 좋아하는 것과 잘하는 것을 구분할 수 있나요?

셋째, AI 시대를 걱정하면서도 여전히 성적표만 보고 있지는 않나요?

이 세 질문은 학부모들을 불편하게 만든다. 하지만 바로 그 불편함이 변화의 시작이다. "오늘 강의가 끝나면 이 질문들에 대한 답을 찾아가실 겁니다."라고 약속하며 본격적인 강의로 들어간다.

세대 차이를 무기로 바꾸는 전략

50대인 나와 30~40대 학부모들 사이에는 명백한 세대 차이가 있다. 처음 강의할 때는 이게 고민이었다. 하지만 이것이야말로 나의 강점이었다. 나는 학부모들보다 한 세대 앞서 입시를 경험했고 그 시행착오를 모두 거쳤다. 무엇보다 학부모들의 부모 세대와 자녀 세대를 모두 이해하는 위치에 있다.

"제가 강의하는 이유는 여러분보다 먼저 시도해 봤기 때문입니다. 저도 아이들을 한창 키울 때는 여러분처럼 불안했고 아이들 성적에만 매달렸습니다. 저는 이미 그 과정을 거치고 아이들을 다 키웠습니다. 그래서 여러분에게 시행착오를 줄일 방법을 알려드리려고 합니다."

이런 포지셔닝은 학부모들에게 신뢰를 준다. 나이가 핸디캡이 아니라 경험의 자산이 되는 순간이다. 게다가 나는 디지털 네이티브가 아니기에 오히려 학부모들의 디지털 격차 불안을 더 잘 이해한다.

"저도 챗GPT 처음 쓸 때 당황했어요. 이게 앞으로 내 직업을 대체하는 건가? 싶었죠. 대충 물어봐도 찰떡같이 정보를 알려주더군요. 여러분도 그렇죠?" 이렇게 시작하면 학부모들은 크게 공감한다. 그리고 "하지만 제가 써보니까 알겠더라고요. AI는 도구일 뿐이고 그 도구를 어떻게 쓸지는 결국 사람이 정한다는 것을요."라고 이어가며 이들의 불안을 해소해 준다.

파트 2.

파트 2.
지식을 행동으로 바꾸는 DNA:
실천 가능한 한 가지만

정보 과잉 시대의 역설

학부모 강의에서 가장 경계해야 할 게 있다. 바로 정보의 폭탄이다. 2시간 강의에 입시 제도, AI 교육, 진로 탐색, 학습법 등을 모두 담으려는 욕심을 부리면 학부모는 더 혼란스러워한다.

작년 이맘때였다. 한 기업체에서 학부모 특강을 요청했다. 나는 준비한 PPT 슬라이드가 무려 80장이었다. 최근 입시의 이슈 모든 것을 알려주고 싶었다. 하지만 강의가 끝난 후 한 아버님이 이렇게 말하셨다. "강사님, 열심히 필기하면서 들었는데, 뭐부터 해야 할지 아직도 감이 안 잡히네요."

그때 꺼달았다. 정보 전달이 목표가 아니라 행동 변화가 목표여야 한다는 것을. 그 후 나는 강의 방식을 완전히 바꿨다. 80장의 슬라이드를 절반으로 줄였다. 대신 학부모들이 오늘 집에 가서 당장 아이를 위해 할 수 있는 한 가지에만 집중하기로 했다.

깨달음-실습-다짐

"오늘부터 자녀와 이런 식으로 대화를 나눠보세요. 질문이 아니라 부모님 자신의 이야기부터 꺼내는 겁니다. 오늘 엄마는 이런 일이 있었어. 점심에 돈까스 맛집에서 밥을 먹었어. 담에 같이 가자. 이런 아주 일상적인 것들입니다." 이게 내 강의의 핵심 메시지이다. 거창한 진로 탐색이나 AI 교육이 아니다. 그냥 소소한 대화.

이렇게 말하면 학부모들은 처음엔 실망한다. 이런 간단한 것 때문에 강의를 들으러 왔나? 하는 표정이다. 하지만 나는 이렇게 설명한다.

"AI 시대에 아이에게 필요한 가장 중요한 능력이 뭘까요? 바로 남의 말을 듣고 이해하는 능력입니다. 그다음이 자기 생각을 말하는 능력입니다. 그런데 우리는 아이에게 공부해, 숙제했어? 이런 것만 물어보죠. 정작 아이의 생각은 듣지 않습니다." *(3분 깨달음)*

"지금부터 옆 사람과 짝을 지어주세요. 한 분은 부모 역할, 한 분은 자녀 역할을 해보겠습니다. 부모 역할을 하는 분은 '오늘 엄마는 이러이러한 일이 있었어'라고 말을 걸어 보세요. 어디 가신 곳이나 만난 사람, 드신 음식 등 아주 일상적인 것을 말씀하세요. 자녀 역할을 하는 분은 실제 중학생

처럼 엄마 말에 대답해 보세요." *(2분 실습)*

강의장이 웃음으로 가득해진다. 학부모들이 서로 역할극을 하며 질문을 이어 나간다. 자녀 역할을 맡은 분은 아이처럼 퉁명스럽게 대답하거나, 그냥 별일 없다고 회피하는 모습이 보이기도 한다. 또는 대화가 끊이지 않고 재밌게 이어지는 분들도 있다. 실제 집에서 벌어질 만한 대화가 그대로 오간다.

"어떠셨나요? 쉽지 않죠? 대답을 구체적으로 자세히 듣고 싶으시면 부모님이 먼저 디테일을 섞어서 대화의 실마리를 여시는 게 효과적입니다." *(1분 다짐)*라고 다시 강조한다.

그리고 마지막으로 학부모들에게 약속을 받는다. "오늘 집에 가면 오늘 해보신 대로 자녀와 대화해 보세요. 그리고 일주일 후 우리 학부모 단톡방에 소감을 올려주세요." 이렇게 구체적인 행동, 명확한 기한, 공유의 약속. 이 세 가지가 있어야 실천율이 높아진다.

AI 도구 체험: 두려움을 익숙함으로

"학부모님들, 네이버 검색 대신 챗GPT를 더 많이 쓰시는 분들 손들어 보세요!" 손을 드는 학부모는 30% 정도다. 다른 분들은 들어는 봤는데 어떻게 쓰는지 모르겠다거나, 써봤으나 자주 사용하진 않는다고 말한다. 이것이 학부모들의 현실이다. AI 시대를 걱정하면서도 이미 대중화가 된 챗

GPT, 제미나이 등을 활용하지 못하고 있다. 계속 새로 나오고 업그레이드 되는 AI 도구에 민감하지 않다.

그래서 나는 강의 중간에 15분간 체험 시간을 만든다. "지금 폰을 꺼내서 챗GPT를 열어보세요. 그리고 이렇게 물어보세요. 중학생 자녀의 진로 탐색을 도와주고 싶은데 어떤 방법이 있을까? 세 가지로 요약해서 정리해 줘."

학부모들이 실제로 질문을 입력하고 답변을 받는다. 그리고 놀라워한다. 구체적으로 알려준다며 두려움이 호기심으로 바뀌는 순간이다.

"이제 여러분이 받은 답변 중 하나를 골라서 더 구체적으로 물어 보세요. 예를 들어 국어 문해력을 향상하려면 구체적으로 무엇부터 시작하면 좋을까? 라고요." 학부모들이 연쇄 질문을 하며 점점 익숙해진다.

"자, 이게 AI 시대의 학습법입니다. 답을 얻는 게 아니라 질문하는 법을 배우는 거예요. 우리 아이들도 마찬가지입니다. 우리가 답을 알려주는 게 아니라 질문하는 법을 가르쳐야 해요."

이 체험이 학부모들의 마인드를 완전히 바꾼다. 그리고 집에 가서 자녀와 함께 AI를 써보겠다고 다짐한다.

파트 3.
성장을 지속시키는 DNA:
공동체가 답이다

학부모 마인드 AI 성장 커뮤니티 만들기

커뮤니티가 만들어지고 한 달 안에 온라인으로 첫 번째 게릴라 특강을 연다. 학부모 톡방에 공지하고 자유롭게 참여를 유도한다. AI 시대는 언제나 예측 불가능하게 다가오기 때문에 학부모도 배워야 자녀와 소통할 수 있다.

게릴라 특강은 AI 이미지 생성을 실습해 본다. 무료로 쓸 수 있는 AI 이미지 생성 도구를 소개하고 자녀의 장래 희망을 떠올리게 한다. 먼저 챗 GPT에서 프롬프트로 작성하게 한 후 그대로 이미지 생성을 한다. 학부모들이 실시간으로 따라 한다. 아이가 건축가가 되고 싶어 하면 '미래의 친환경 건축물을 설계하는 건축가'라고 더 구체적으로 작성하는 것이다. 30

초 후 AI가 만든 건축가의 모습을 한 자녀의 이미지가 나타난다.

학부모들이 스토리를 더 만들어서 AI 동화책을 만드는 공동 작업을 한다. AI 이미지 생성 도구로 동화 속 장면들을 그림으로 만든다. 각 페이지마다 들어갈 이미지 5~6개를 생성한다. 나는 동화를 무료로 등록할 수 있는 전자책 플랫폼을 안내한다. 학부모들은 이 과정에서 프롬프트 작성 능력이 급격히 향상되고 출판 작가라는 확실한 성장 아웃풋을 얻게 된다.

AI 동화책 출판 프로젝트

학부모들이 이미지 생성에 익숙해지면 가장 중요한 프로젝트를 발표한다. 지금까지 배운 AI 도구들을 총동원해서 함께 동화책을 만들어 보기로 한다. 제목은 <우리 아이의 꿈 이야기>입니다. 그리고 이걸 전자책으로 출판할 겁니다.

처음에는 어떻게 책을 만들지 걱정하지만 나는 자신 있게 말한다.

"여러분은 이미 AI 이미지를 만들 줄 알고, 동영상도 만들 줄 알고, 글도 쓸 줄 압니다. 이제 그걸 합치기만 하면 됩니다."

프로젝트는 4주 과정으로 진행된다.

1주 차: 각자 아이와 함께 꿈 인터뷰한다. "네가 관심 있는 건 뭐니?", "그 일을 하면 뭐가 좋을 것 같아?". "10년 후 네 모습은 어떨 것 같아?" 같은 질문으로 대화를 나누고 기록한다.

2주 차: 챗GPT의 도움을 받아 그 인터뷰를 동화 형식의 스토리로 만든다. "주인공은 우리 아이, 배경은 10년 후, 그 아이가 꿈을 이루어 가는 과정을 담은 5페이지 분량의 동화를 써줘." AI가 초안을 만들면 학부모가 아이와 함께 수정한다.

3주 차: AI 이미지 생성 도구로 동화 속 장면들을 그림으로 만든다. 각 페이지마다 들어갈 이미지 5~6개를 생성한다. 학부모들은 이 과정에서 프롬프트 작성 능력이 급격히 향상된다. "강사님, 처음엔 이상한 그림이 나왔는데 몇 번 수정하니까 딱 제가 원하는 그림이 나왔어요!"

4주 차: 캔바에서 텍스트와 이미지를 합쳐 전자책을 완성한다. 그리고 전자책 플랫폼에 무료로 등록할 수 있게 과정을 따라 하게 한다.

프로젝트 마지막 날, 온라인 출판기념회를 연다. 각 가정이 만든 동화책을 화면 공유하며 발표한다. 자녀의 이야기를 담은 책이 출판된다는 의미와 함께 부모 자신도 출판 작가가 되는 기적을 맛보게 된다. 가족 모두 책 한 권으로 행복해지는 순간이기도 하다. 강사는 AI 시대의 부모 마인드셋 강의의 결과물로 확실히 보여줄 수 있다.

이 프로젝트의 가장 큰 의미는 학부모가 AI 도구의 소비자에서 창작자로 변화한다는 것이다. AI가 우리 아이 일자리를 빼앗는다는 불안에서 "AI로 우리 아이의 꿈을 함께 그려나간다"라는 희망으로 전환되는 것이다.

AI 시대 부모 교육 강사의 프레임 전환

첫째, 부모의 불안을 인정하고 공감하는 것이 강의의 시작점이 되어야 한다. 학부모들은 정보 부족이 아니라 정보 과잉 속에서 방향을 잃는다. 따라서 강사는 정보를 더 쏟아내는 사람이 아니라, 불안을 정확히 짚고 공감하며 부모 스스로 답을 찾도록 안내하는 사람이어야 한다. 이때 실패담과 솔직한 경험 고백은 강사의 강력한 무기가 된다.

둘째, 실행 가능한 작은 실천을 제시하는 것이 학부모 강의의 핵심이다. 많은 정보를 나열하는 대신, 오늘 집에 가서 당장 자녀와 나눌 수 있는 대화 한마디, AI 도구를 직접 체험해 보는 10분과 같은 구체적 실천이 강의의 생명력을 만든다. 학부모가 실제로 행동하게 만들 때, 강의는 단순한 지식 전달을 넘어 행동 변화를 이끄는 장으로 확장된다.

셋째, 지속 가능한 성장 구조를 설계하는 것이 필요하다. 강의실 안의 깨달음이 일회성으로 끝나지 않도록, 공동체와 프로젝트를 통해 학부모가 함께 배우고 성장하는 장을 만들어야 한다. 게릴라 특강, AI 활용 실습, 공동 창작물 제작 같은 확실한 아웃풋은 부모들에게 성취감을 주고, 강사는 자연스럽게 그들의 성장을 이어주는 동반자가 된다.

우리는 이 AI 시대에 지금 무엇을 가르치고 있는가? 입시 정보인가, 진로 탐색 기법인가? 아니면 그보다 더 근본적인 무언가인가? 20년간 이 일을 하며 깨달은 것이 있다. AI 시대에 우리 입시 진로 강사의 역할은 정보 전달자가 아니라 부모 마인드셋 강사가 되어야 한다는 것이다.

예전에는 '이 대학 이 학과 입시 전형이 이렇습니다'라고 알려주면 학부모들이 감사해했다. 하지만 지금은 다르다. 그런 정보는 AI가 더 정확하고 빠르게 알려준다. 학부모들은 이제 정보가 아니라 해석을 원한다. 이 많은 정보 중에서 우리 아이에게 맞는 것은 무엇인가?, AI 시대에 어떤 진로가 의미 있는가?, 변화하는 세상에서 부모로서 어떤 태도를 가져야 하는가? 이런 근본적인 질문에 답할 수 있는 강사가 살아남는다.

'2026 입시 전형 전망'과 더불어 흔들리지 않는 부모 되기, 수시 정시 설명회와 더불어 내 아이의 가능성을 믿는 힘을 강의하는 것이다. 학부모들이 진짜 원하는 것은, 정확한 입시 정보를 제공받고 불안한 마음을 다잡을 중심축이다. 그리고 그것을 줄 수 있는 사람은 10년, 20년 현장을 지켜온 우리 베테랑 강사들뿐이다. AI가 아무리 발전해도 사람의 마음을 읽고

공감하고 용기를 주는 일은 결코 대체할 수 없다. 이것이 바로 우리가 계속
필요한 이유이기도 하다.

마음을 치유하는 미술치료사

이 온 숙

온마음성장연구소장
한국강사교육진흥원 수석연구원
한국지역사회교육재단 연구교수
군포시여성회성폭력상담소 운영위원
가천대 명강사 최고위과정 운영교수

당신도 누군가의 치유자가 될 수 있다.

어느 해 가을, 한 여성이 내 강의실 문을 조심스럽게 두드렸다. 남편과 사별한 후 삶의 의미를 잃어버린 50대 초반의 그녀는 떨리는 목소리로 물었다. "저 같은 사람도 미술치료사가 될 수 있을까요?"

나는 그녀의 손에 크레파스를 쥐여주며 말했다. "지금 마음을 그려보세요." 그녀가 그린 그림은 온통 회색과 검은색이었다. 무너진 집, 떨어진 꽃잎, 구석에 웅크린 작은 사람. 하지만 그 그림 한구석에 아주 작은 빛 하나가 있었다. "이 빛은 뭔가요?", "희망이요. 아주 작지만, 아직 살아있는 희망이요."

2년 후, 그녀는 지역 복지관에서 유가족들을 위한 미술치료 프로그램을 진행하고 있었다. "제 상처가 저만의 무기가 됐어요. 저처럼 아픈 사람들의 마음을 가장 잘 이해할 수 있으니까요." 환하게 웃으며 그녀가 말했다.

많은 사람이 착각한다. 미술치료사가 되려면 완벽해야 한다고. 심리학 박사여야 하고, 미술을 전공해야 하고, 아무런 상처가 없어야 한다고. 하지만 십여 년간 수백 명의 치료사를 길러낸 경험으로 말하건 대, 가장 훌륭한 치료사들은 모두 상처가 있는 사람들이었다.

우울증을 겪은 사람이 우울증 환자를 가장 잘 돕는다. 이혼을 경험한 사람이 이혼 위기의 부부를 가장 잘 이해한다. 당신이 지금 어떤 상처를 안고 있든, 그것은 부끄러워할 일이 아니다. 오히려 누군가를 도울 수 있는 귀한 자산이다.

이 책은 교과서가 아니다. 십여 년간 현장에서 수천 명의 내담자를 만나고, 수백 명의 치료사를 길러낸 생생한 이야기다. 첫 내담자를 만났을 때의 떨림, 실수했을 때의 당황스러움, 내담자가 변화했을 때의 감동. 진짜 현장의 이야기들이다.

이 책을 다 읽고 나면, 당신은 더 이상 "나 같은 사람이 할 수 있을까?"라고 묻지 않을 것이다. 대신 "어떻게 시작할까?"라고 물을 것이다. 의심이 확신으로, 두려움이 기대로 바뀔 것이다. 당신의 상처가 누군가의 치유가 되고, 당신의 경험이 누군가의 희망이 되는 그 순간을 향해. 첫 페이지를 넘겨보라. 당신의 인생이 바뀌는 순간이 시작된다.

파트 1.
마음을 여는 DNA:
지도자의 첫인상이 만드는 신뢰

상처받은 마음을 어루만지는 첫 만남

미술치료사 지도자 양성과정에 오는 사람들은 특별하다. 그들은 그림 활용법을 가르치고 싶어서 오는 것이 아니다. 누군가의 상처를 보듬고, 마음을 치유하고, 삶의 변화를 끌어내고 싶어 한다. 하지만 막상 첫 수업에 들어서면 경직된 표정들이 가득하다.

"과연 내가 할 수 있을까?", "상처받은 사람을 더 아프게 하면 어떡하지?", "내 그림 실력으로 가능할까?" 이런 두려움들이 교실 공기를 무겁게 만든다. 바로 이 순간이 지도자로서 첫 번째 시험대다. 미래 치료사들의 마음부터 열어주지 못한다면, 그들이 어떻게 다른 사람의 마음을 열 수 있겠는가.

나는 첫 수업에서 절대 이론부터 시작하지 않는다. 대신 이렇게 말한다. "여러분이 여기 오기까지 어떤 마음이었는지 그림으로 표현해 보세요." 그리고 5분의 시간을 준다. 생각할 틈 없이, 머리가 아닌 마음이 움직이도록.

한 참가자가 울먹이며 그린 그림을 들어 보였다. 구불구불한 길과 어두운 터널, 그리고 저 멀리 작은 빛 하나. "제가 우울증을 앓고 있어요. 누군가를 도와주고 싶은데, 저 자신도 아직 아픈 상태라서…." 바로 그 순간, 교실의 분위기가 바뀌었다. 진솔함이 만드는 공감의 힘이었다.

"그래서 더 귀한 분이에요. 아픈 사람이 아픈 사람을 가장 잘 이해하니까요." 나의 이 한마디에 그의 표정이 밝아졌다. 그리고 다른 참가자들도 하나둘 자신의 이야기를 꺼내기 시작했다. 이것이 미술치료사 지도자 양성의 첫 번째 원칙이다. 완벽한 사람이 되어야 한다는 부담을 내려놓게 하는 것.

상처가 자격이 되는 순간

많은 사람이 착각한다. 미술치료사가 되려면 완벽해야 한다고. 아무런 상처가 없어야 하고, 항상 밝고 긍정적이어야 한다고. 하지만 내가 만난 가장 훌륭한 치료사들은 모두 상처가 있는 사람들이었다.

한 참가자는 이혼 후 우울증을 겪었고, 다른 참가자는 자녀를 잃은 슬

품을 안고 있었다. 또 다른 참가자는 직장에서의 소진으로 인생의 의미를
잃어버린 상태였다. 처음에는 이런 자기 모습이 부끄럽다고 여겼다. 하지
만 시간이 지나면서 그들은 깨달았다. 자신의 상처가 곧 누군가를 치유할
수 있는 자격이라는 것을.

"선생님, 제가 이혼을 경험했기 때문에 이혼으로 고통받는 내담자의
마음을 정말 잘 이해할 수 있어요." 한 참가자가 실습 후 이렇게 말했다. 그
의 눈에는 자신감이 가득했다. 약점이라고 생각했던 것이 최고의 강점으
로 바뀌는 순간이었다.

나는 이런 순간들을 포착해서 전체 참가자들과 나눈다. "여러분의 상
처는 여러분만의 독특한 치료 도구입니다. 그 상처를 통해 얻은 지혜와 공
감 능력은 책으로는 배울 수 없는 것들이에요." 이렇게 관점이 바뀌면 참
가자들의 표정이 완전히 달라진다. 부족함을 느끼던 사람이 자신만의 특
별함을 발견하는 것이다.

안전한 실패의 공간 만들기

미술치료사가 되어가는 과정에서 가장 두려운 것은 실패다. "내가 잘
못 말해서 상대방을 더 아프게 하면 어떡하지?" 이런 두려움 때문에 움츠
러든다. 그래서 나는 의도적으로 '실패할 권리'를 보장한다.

"오늘은 마음껏 실수해도 되는 날입니다. 틀려도 되고, 어색해도 되고,

서툴러도 됩니다." 첫 실습 전에 항상 하는 말이다. 그리고 실제로 실수가 일어나면 그것을 학습의 기회로 만든다.

한 참가자가 역할극에서 내담자에게 "왜 그런 생각을 하세요?"라고 물었다. 미술치료에서는 금기어에 해당하는 질문이다. 다른 참가자들이 어색해하는 순간, 나는 이렇게 말했다. "좋은 경험이네요. 지금 내담자 역할을 한 분은 어떤 기분이셨나요?", "마치 제가 잘못 생각하는 사람인 것 같아서 위축됐어요." 그 답변을 듣고 질문한 참가자가 깨달았다. "아, 제가 판단하는 듯한 질문을 했구나." 이런 식으로 실수를 통해 배우면 더 깊이 이해하게 된다.

실패가 허용되는 공간에서 사람들은 오히려 더 적극적으로 된다. 완벽해야 한다는 압박감에서 벗어나 자연스럽게 자신을 표현한다. 그리고 그 과정에서 진짜 실력이 늘어난다.

지도자의 내면 작업: 나를 알아야 남을 안다.

미술치료사에게 가장 중요한 도구는 바로 자기 자신이다. 붓도 물감도 아닌, 지도자의 마음가짐과 에너지가 치료의 핵심이다. 그래서 나는 참가자들에게 끊임없이 자기 탐구하도록 한다.

"지금 여러분의 마음 상태를 그림으로 그려보세요." 매 수업 시작하는 활동이다. 그날의 컨디션, 감정 상태, 에너지 레벨을 파악하는 것이다. 왜냐하면 지도자의 내적 상태가 그대로 참가자들에게 전달되기 때문이다.

한 참가자가 그린 그림은 온통 회색이었다. "어머니가 아프셔서 마음이 무거워요." 나는 즉시 말했다. "오늘은 무리하지 마세요. 관찰자 상태로 참여하세요." 자신의 상태를 정확히 인식하고 조절하는 것, 이것이 프로 지도자의 첫 번째 자질이다.

또한 나는 '계기 지도 만들기'를 시킨다. 자신을 화나게 하거나 불안하게 만드는 상황들을 미리 파악해 두는 것이다. 한 참가자는 "울음소리"가 자신의 계기라고 했다. 어린 시절 트라우마 때문이었다. 이를 알고 나니 내담자가 울 때 어떻게 대처해야 하는지 미리 준비할 수 있었다.

"자신을 모르는 지도자는 위험합니다. 자신의 상처가 내담자에게 투사될 수 있거든요." 이런 진실을 직면하게 하는 것이 내 역할이다. 때로는 아프지만, 이 과정을 거쳐야만 진정한 지도자가 될 수 있다.

파트 2.
지식을 행동으로 바꾸는 DNA:
현장의 생생함을 교실로

사례 연구의 마법: 책 속 이론이 살아 움직인다.

이론만으로는 미술치료를 배울 수 없다. 실제 사례를 통해 체험해야 한다. 나는 10여 년간 만난 수천 명의 내담자 중에서 교육적 가치가 높은 사례들을 엄선해서 참가자들과 나눈다. 물론 모든 개인정보는 철저히 보호한 채로.

"8세 만지^(가명)는 부모님의 이혼 후 말을 잃었습니다. 3개월 동안 한마디도 하지 않았어요." 사례를 소개하며 실제 그림들을 보여준다. 처음에는 온통 검은색으로만 칠한 그림에서 시작해서, 점차 색깔이 늘어나고, 마지막에는 무지개가 나타나는 과정을.

참가자들의 눈이 반짝인다. "어떻게 이런 변화가 가능했을까요?" 궁금증이 생기는 순간, 바로 학습이 시작된다. 이론을 일방적으로 설명하는 대신, 사례를 통해 스스로 발견하게 한다.

"민지의 세 번째 그림을 보세요. 여기서 무엇이 달라졌나요?" 참가자들이 하나씩 발견해 낸다. "집에 창문이 생겼어요.", "사람이 더 커졌어요.", "색깔이 밝아졌어요." 이런 식으로 관찰을 통해 분석 능력을 키운다.

그리고 실제 치료 과정에서 사용한 기법들을 하나씩 시연한다. "이때 제가 어떤 질문을 했는지 아세요? '이 집에 살고 싶어?'라고 물었어요. 그랬더니 민지가 고개를 저었거든요. 그래서 '그럼 어떤 집에 살고 싶어?'라고 다시 물었죠." 구체적인 대화 내용까지 공유하면서 실전 감각을 익히게 한다.

시뮬레이션 임상실습: 가상의 내담자와 만나기

이론을 배웠다고 해서 바로 현장에 투입할 수는 없다. 안전한 환경에서 충분히 연습해야 한다. 그래서 나는 '시뮬레이션 임상실습'을 운영한다. 참가자들이 돌아가며 치료사와 내담자 역할을 해보는 것이다.

"오늘은 중학교 2학년 지훈이를 만나보겠습니다. 최근 학교폭력을 당했고, 위축된 상태예요." 구체적인 설정을 주고 30분간 실습을 진행한다. 나머지 참가자들은 관찰자가 되어 피드백을 준비한다. 실습 중에는 절대 개입하지 않는다. 설령 잘못된 방향으로 가더라도 끝까지 지켜본다. 실수를 통해 배우는 것이 더 값지기 때문이다. 실습이 끝나면 먼저 당사자들의 감정부터 확인한다.

"치료사 역할을 하신 분, 어떠셨나요?"
"너무 떨렸어요. 뭘 말해야 할지 모르겠더라고요."
"내담자 역할을 하신 분은?"
"선생님이 당황하시는 게 느껴져서 저도 불안했어요."

이런 솔직한 피드백이 오가는 순간, 진짜 학습이 일어난다. 책에서는 배울 수 없는 현장의 생생함을 경험하는 것이다.

비디오 분석: 전문가의 눈으로 보기

실제 치료 과정을 비디오로 촬영해서 분석하는 시간도 갖는다. 물론 내담자와 보호자의 동의를 받은 경우에만. 이때 참가자들은 전문가의 관점을 배우게 된다.

"자, 여기서 치료사가 어떤 반응을 보였는지 주목해 보세요." 비디오를 잠시 멈추고 설명한다. "내담자가 울기 시작했는데, 치료사가 휴지를 건네주지 않았어요. 왜 그랬을까요?" 참가자들이 답을 찾기 위해 고민한다. "아, 울음을 멈추게 하려는 게 아니라 충분히 울게 하려는 거군요." 스스로 발견하는 순간의 기쁨이 얼굴에 드러난다.

이런 식으로 미묘한 치료 기법들을 하나씩 배워간다. 언제 침묵해야 하는지, 언제 개입해야 하는지, 어떤 질문이 효과적인지. 책으로는 배울 수 없는 섬세한 감각들을 익히는 것이다. 한 참가자가 말했다. "이제야 미술치료가 단순히 그림 그리기가 아니라는 걸 알겠어요. 정말 세밀한 기술이 필요한 전문 영역이네요." 바로 이런 깨달음을 주는 것이 내 목표다.

슈퍼비전의 힘: 함께 성장하는 동반자

미술치료사로 성장하는 과정에서 가장 중요한 것은 슈퍼비전이다. 혼자서는 볼 수 없는 자기 맹점을 발견하고, 전문성을 키워가는 과정. 나는 참가자들에게 '동료 슈퍼비전' 시스템을 만들어 준다. 4~5명씩 팀을 구성해서 매주 만나게 한다. 각자 경험한 사례를 나누고, 함께 고민하고, 조언을 구하는 시간. 처음에는 어색해하지만, 점차 끈끈한 유대감이 형성된다.

"이번 주에 만난 아이가 계속 저만 그려요. 다른 가족은 그리지 않고요." 한 참가자의 고민을 들으며 다른 참가자들이 의견을 낸다. "혹시 부모님과의 관계에 문제가 있는 건 아닐까요?", "아니면 선생님에게 특별한 애착을 느끼는 걸 수도 있어요."

이런 토론 과정에서 사고의 폭이 넓어진다. 혼자 생각했다면 놓쳤을 관점들을 발견하게 된다. 그리고 무엇보다 "나만 어려워하는 게 아니구나"라는 안도감을 느낀다. 나는 이 과정을 지켜보며 필요할 때만 개입한다. "그런 상황에서는 이런 기법을 써볼 수 있어요." 구체적인 해결책을 제시하기보다는 스스로 답을 찾아갈 수 있도록 돕는다.

현장 실습: 진짜 내담자와의 만남

이론과 시뮬레이션을 거쳐 드디어 현장 실습에 들어간다. 실제 내담자와 만나는 순간, 그동안 배운 모든 것이 시험대에 오른다. 긴장되고 떨리지만, 이 과정을 거쳐야만 진정한 치료사가 될 수 있다.

첫 실습은 반드시 내가 함께한다. 옆에서 지켜보며 필요시 개입할 준비를 한다. 하지만 웬만해서는 참견하지 않는다. 실습생이 스스로 해결해 나가는 과정을 지켜본다.

한 참가자의 첫 실습 후 소감이 인상적이었다. "정말 다르네요. 시뮬레이션할 때와 완전히 달라요. 진짜 내담자 앞에서는 모든 게 새롭게 느껴져요." 바로 이런 깨달음이 중요하다. 이론과 실제의 차이를 몸으로 체험하는 것. 실습 후에는 반드시 임무 보고 시간을 갖는다. "어떤 부분이 가장 어려웠나요?", "예상과 다른 점은 무엇이었나요?", "다음에는 어떻게 하고 싶나요?" 이런 질문을 통해 경험을 의미 있는 학습으로 전환한다.

때로는 실패하기도 한다. 내담자와 제대로 연결되지 못하거나, 적절한 개입을 하지 못하는 일도 있다. 하지만 그것도 귀한 경험이다. "실패는 성공의 어머니라는 말이 정말 맞는 것 같아요. 이번 실패로 무엇을 배웠는지가 더 중요하죠."

파트 3.
성장을 지속시키는 DNA: 평생 학습하는 치료사로

성찰 일지: 하루를 돌아보는 습관

미술치료사로서의 성장은 하루아침에 이루어지지 않는다. 매일매일의 작은 성찰이 모여 큰 전문성을 만든다. 그래서 나는 참가자들에게 '성찰 일지' 쓰기를 권한다.

복잡한 형식은 필요 없다. 간단한 세 가지 질문만 있으면 된다. "오늘 가장 잘한 일은?", "오늘 아쉬웠던 점은?", "내일 시도해 볼 것은?" 이 세 질문에 솔직하게 답하는 것만으로도 충분하다.

한 참가자는 6개월 동안 성찰 일지를 썼다. "처음에는 뭘 써야 할지 몰 랐는데, 지금은 하루의 마무리가 된 것 같아요. 제 성장 과정이 한눈에 보 이니까 뿌듯해요." 실제로 그의 일지를 보면 초기의 불안감에서 점차 자신감으로 변해가는 과정이 뚜렷하게 드러난다. 성찰 일지는 객관적인 자기 관찰 도구가 된다. 같은 실수를 반복하는 패턴을 발견하기도 하고, 자신도 모르게 성장한 부분을 확인하기도 한다. "아, 내가 이렇게 변했구나"라는 깨달음이 더 큰 동기부여가 된다. 나는 월 1회 성찰 일지를 나누는 시간을 갖는다. 서로의 고민과 성장을 공유하며 함께 배워가는 것이다. 이 과정에서 동료들 간의 유대감도 깊어진다.

지속적 교육: 배움을 멈추지 않는 자세

미술치료 분야는 끊임없이 발전하고 있다. 새로운 이론이 나오고, 새로운 기법이 개발되고, 새로운 연구 결과가 발표된다. 그래서 지도자는 평생 학습자의 자세를 유지해야 한다. 나는 참가자들에게 '개인 성장 계획'을 세우게 한다. 1년 동안 어떤 부분을 더 발전시킬 것인지, 어떤 교육을 받을 것인지, 어떤 책을 읽을 것인지 구체적으로 계획하는 것이다.

"저는 청소년 미술치료를 더 깊이 공부하고 싶어요.", "저는 가족치료 기법을 배우고 싶어요." 각자의 관심사와 목표에 따라 다양한 계획들이 나온다. 그리고 3개월마다 진행 상황을 점검한다. 중요한 것은 계획을 세우는 것보다 실행하는 것이다. 그래서 나는 '학습 버디' 시스템을 만들어 준다. 서로 격려하고 확인해 주는 동반자를 매칭 하는 것이다.

한 참가자는 동료와 함께 매주 전문 서적을 읽고 토론했다. "혼자였다면 중간에 포기했을 텐데, 같이 하니까 끝까지 할 수 있었어요. 그리고 토론하면서 더 깊이 이해하게 됐어요."

네트워킹: 함께 성장하는 공동체

미술치료사로서 홀로서기는 어렵다. 동료들과의 네트워크가 필요하다. 정보를 나누고, 어려움을 함께 해결하고, 서로 격려하는 관계 말이다. 나는 교육 과정을 마친 후에도 참가자들이 지속해서 만날 수 있는 모임을 만들어 준다. 월 1회 정기 모임을 통해 근황을 나누고, 사례를 공유하고, 새로운 정보를 교환한다.

"선생님, 요즘 이런 아이들이 많이 오는데 어떻게 접근해야 할까요?" 실무진들의 생생한 고민이 오간다. 경험이 많은 선배들이 조언을 주고, 새로운 아이디어들이 나온다. 이런 교류가 모두의 성장을 돕는다.

또한 온라인 커뮤니티도 운영한다. 급한 질문이나 자료 공유, 세미나 정보 등을 실시간으로 나눌 수 있다. 한 참가자가 말했다. "언제든 도움을 받을 수 있다는 생각에 든든해요. 혼자가 아니라는 느낌이 커요." 이런 네트워크는 단순한 정보 교환을 넘어 정서적 지지가 된다. 힘들 때 위로받고, 성공했을 때 함께 기뻐하는 관계. 이것이 지속할 수 있는 원동력이 된다.

자기돌봄: 치료사의 마음 관리법

미술치료사는 늘 다른 사람의 마음을 돌본다. 하지만 정작 자신의 마음은 소홀히 하기 쉽다. 내담자의 아픔을 함께 느끼다 보면 어느새 자신도 지쳐 있는 경우가 많다. 그래서 나는 '자기 돌봄'의 중요성을 강조한다. 치료사 자신이 건강해야 내담자를 제대로 도울 수 있다. 마치 비행기에서 먼저 자신의 산소마스크를 착용하고 다른 사람을 도우라는 안내방송처럼.

"여러분만의 자기돌봄 방법을 찾아보세요." 어떤 사람은 운동으로, 어떤 사람은 음악으로, 어떤 사람은 독서로 자신을 돌본다. 중요한 것은 자신에게 맞는 방법을 찾는 것이다. 한 참가자는 매일 아침 10분씩 명상했다. "내담자의 감정에 휘둘리지 않고 중심을 유지할 수 있게 됐어요." 다른 참가자는 주말마다 그림을 그렸다. "내 마음도 들여다보고, 힐링도 되고, 일거양득이에요."

나는 정기적으로 '자기돌봄 점검'을 한다. "요즘 스트레스 지수는 몇 점인가요?", "어떤 자기돌봄을 하고 계세요?" 이런 질문을 통해 서로의 상태를 확인하고 격려한다.

후배 양성: 나눔을 통한 성장

어느 정도 경험이 쌓이면 후배들을 가르치는 기회가 생긴다. 이때가 진정한 성장의 기회다. 가르치면서 자신도 더 깊이 배우게 된다. "아는 것과 가르치는 것은 정말 다르구나"라는 깨달음을 얻는다.

한 참가자는 교육 과정을 마친 지 2년 후 신입 교육생들의 멘토가 되었다. "후배들 질문에 답하려고 하다 보니 제가 모르는 부분이 많다는 걸 알았어요. 덕분에 더 공부하게 됐어요." 가르치는 것이 배우는 것이라는 진리를 체험한 것이다.

나는 선배-후배 멘토링 시스템을 운영한다. 경험이 있는 참가자가 신입생 2~3명을 담당해서 적응을 돕는 것이다. 이 과정에서 선배는 리더십을 배우고, 후배는 안정감을 얻는다. "처음에는 부담스러웠는데, 후배들이 성장하는 모습을 보니까 뿌듯해요." 한 멘토의 소감이다. 자기 경험과 지식을 나누면서 성취감을 느끼고, 동시에 더 책임감 있는 치료사로 성장한다. 이런 선순환 구조가 미술치료 공동체를 더욱 탄탄하게 만든다. 서로 돕고 배우며 함께 성장하는 문화가 자리 잡는다.

마음을 치유하는 지도자로 거듭나기

십여 년 동안 수백 명의 미술치료사를 길러내며 확신하게 된 것이 있다. 훌륭한 치료사는 타고나는 것이 아니라 만들어진다는 것이다. 완벽한 사람이어야 하는 것도 아니고, 뛰어난 그림 실력이 있어야 하는 것도 아니다.

가장 중요한 것은 진정성이다. 진심으로 다른 사람의 아픔에 공감하고, 그들의 성장을 돕고 싶어 하는 마음. 그리고 끊임없이 자신을 돌아보고 성장시키려는 노력. 이 두 가지만 있다면 누구나 훌륭한 미술치료 지도자가 될 수 있다.

물론 쉬운 길은 아니다. 자신의 상처와 마주해야 하고, 끊임없이 공부해야 하고, 때로는 내담자의 아픔을 함께 짊어져야 한다. 하지만 그 과정에서 얻는 보람은 말로 표현할 수 없을 만큼 크다. 한 아이가 처음으로 웃음을 되찾는 순간, 한 어른이 오랜 트라우마에서 벗어나는 순간, 한 가족이 다시 화목해지는 순간. 이런 기적들을 목격하고 함께할 수 있다는 것은 특권이다.

미술치료 지도자의 길은 단순히 직업을 갖는 것이 아니다. 사명을 갖는 것이다. 이 세상의 상처받은 마음들을 어루만지고, 희망을 심어주고, 변화를 끌어내는 일. 그보다 의미 있는 일이 또 있을까.

바로 오늘부터 시작하라.

만약 당신이 미술치료사의 길을 꿈꾸고 있다면, 더 이상 미루지 말라. 완벽할 때까지 기다리지 말라. 지금 당신의 모습 그대로도 충분하다.

첫 번째 단계는 자신을 돌아보는 것이다. 오늘 밤, 종이 한 장에 "지금의 나"를 그려보라. 잘 그릴 필요 없다. 마음이 가는 대로, 느끼는 대로 그리면 된다. 그리고 그 그림을 보며 물어보라. "나는 왜 미술치료사가 되고 싶은가?"

두 번째는 작은 실천이다. 주변의 누군가와 그림을 함께 그려보라. 가족이어도 좋고, 친구여도 좋다. "오늘 기분을 색깔로 표현해 볼까?"라고 제안해 보라. 그 작은 경험이 당신의 첫 번째 미술치료 세션이 될 것이다.

세 번째는 배움의 문을 두드리는 것이다. 미술치료 관련 책을 읽고, 세미나에 참석하고, 교육 프로그램을 찾아보라. 지식과 기술을 체계적으로 쌓아가는 것이다.

마지막으로 기억하라. 미술치료사의 길은 혼자 가는 것이 아니다. 같은 꿈을 가진 동료들, 경험을 나눠줄 선배들, 격려해 줄 후배들이 있다. 그들과 함께 걸어가면 된다.

> **"당신의 상처가 누군가의 치유가 되고,**
> **당신의 경험이 누군가의 희망이 되는 그날까지.**
> **마음을 치유하는 선생님으로서의 여정을 지금 시작하세요.**
> **세상은 당신 같은 치유자를 기다리고 있습니다."**

자기주도학습 로드맵(설계부터 실행까지)

이 은 주

한국강사교육진흥원 교육위원

더플러스에듀&컨설팅 대표

EBS교내캠프 지도강사

자기주도학습전문가

입시컨설팅 전문가

학생들은 왜 공부에 지쳐가고, 학부모들은 왜 자녀 교육에 그토록 많은 질문을 안고 있을까? 수많은 강의 현장에서 마주한 이 안타까운 현실 속에서 나는 하나의 확신을 얻었다. 강사의 역할은 '스스로 배우고 성장하는 법을 깨닫게 해주는 안내자'라는 확신이다. 성적 향상과 입시 경쟁력 강화의 핵심요소 역시 이 점에 있다. 자기주도학습은 인생을 주도적으로 살아가는 가장 강력한 무기이자 평생 학습자의 출발점이다.

나의 두 딸은 자기주도학습의 길을 걸으며 특목고에 진학했고, 기숙사 생활을 통해 진정한 주도성을 키워 소위 명문대 입학이라는 성과를 달성했다. 큰딸은 대학을 우수한 성적으로 졸업한 후 전액 장학금을 받고 미국에서 유학 생활을 하고 있다. 작은딸은 해외로 교환학생을 가기 위해 꾸준히 성적관리를 해 왔고, 어학성적을 충족하기 위한 외국어 공부도 병행했다. 휴학 기간 동안 주 5일 아르바이트를 하며 해외에서 쓸 비용을 마련했고, 교환학생을 위한 장학금 공지를 찾아보고 서류를 제출했으며 현재 결과를 기다리고 있다.

이처럼 자기주도학습은 중고등학생뿐만 아니라 대학생이 되어서 나아가 사회에서 평생 학습자로 살아가기 위한 강력한 무기가 된다. 이 책은 바로 그 질문에 대한 20년 강사로서의 답이자, 나의 모든 노하우와 철학을 담아낸 강사 DNA의 결정체다.

나의 목표는 좌절한 학생의 마음을 일으켜 세우고, 막막해하는 학부모에게 실질적인 방향을 제시하며, 궁극적으로 학생들에게 자신의 삶을 주도적으로 개척해 나갈 힘을 길러주는 것이다. 이 책은 '자기주도학습'에 대한 관점을 송두리째 바꿀 것이다. 당신이 학생이든 학부모든 혹은 동료 강사든, 배움과 성장의 본질을 깨닫게 될 것이다.

파트 1.
마음을 여는 DNA:
'배움의 이유'를 찾는 질문

공감하는 질문으로 첫 만남의 마법을 풀다

자기주도학습의 중요성은 이미 잘 알고 있을 것이다. 서점에는 관련 책이 넘쳐나고, 많은 자기주도학습 캠프, 학원들도 존재한다. 그런데 왜 나는 (혹은 나의 자녀는) 자기주도학습을 제대로 해내지 못하는 걸까? 이론은 알고 있는데, 실천으로 이어지지 못하는 이유는 무엇일까? 이 질문은 수많은 학생과 학부모가 안고 있는 근본적인 고민이며, 강사로서 우리가 마주하는 첫 번째 과제다.

강의의 첫 순간은 건축의 기초를 다지는 시간과 같다. 아무리 웅장한 건물이라도 기초가 부실하면 무너지듯, 강의 초반에 학생들의 마음을 얻지 못하면 아무리 훌륭한 내용도 수강자들에게 닿기 어렵다. 특히 학업에 지치고 경쟁에 힘들어하는 중고등학생들에게는 더욱 그렇다.

강사는 화려한 기술이나 권위로 이목을 끌려 하기보다, 학생들의 굳게 닫힌 마음을 진심으로 녹여낼 방법을 찾아야 한다. 그 핵심은 바로 '왜 이 강의를 들어야 하는가?'에 대한 답을 학생들 스스로 찾게 돕는 것이다.

스스로 깨달음은 자기주도학습의 가장 강력한 동기다. 이 부분은 특목고 자기주도학습 전형에서 가장 중요한 '지원 동기 및 진로 계획' 작성의 토대가 된다. 또한 대입 학생부종합전형의 '학업역량' 평가에서도 핵심 요소이다.

강의 시작과 함께 강사는 학생들의 깊은 고민과 속마음을 드러낼 수 있는 질문을 건져야 한다. 예를 들어 "여러분은 지금 무슨 과목이 공부하기 힘든가요? 혹은, 지금 공부하는데 어떤 점이 가장 힘들고 답답한가요?"와 같이 솔직한 감정과 현실적인 어려움을 묻는다. 또는 "만약 내일 아침에 한 과목의 성적이 엄청나게 오를 수 있다면, 어떤 과목을 택하겠어요? 왜 그 과목인가요?"처럼 상상력을 자극하며 숨겨진 욕구를 탐색한다. 막연한 공부를 넘어선 진정성 있는 'Why'는 상상 이상의 힘을 발휘한다. 이 과정은 '나는 무엇을 잘하고, 무엇에 흥미가 있으며, 어떤 일을 하고 싶은가?'에 대한 진로 탐색의 자기 주도성을 키우는 첫걸음이 된다. 이러한 질문들은 학생들이 교실에 앉아있는 수동적인 존재가 아니라, 자신의 학습에 대한 주인이 되도록 첫발을 내딛게 한다. 학생들의 다양한 답변을 강사는 성급히 판단하거나 교정하려 들지 않고, 오직 경청하며 깊이 공감해야 한다.

그들의 답변 속에서 불안감, 미래에 대한 기대, 현재의 어려움 등 복합적인 감정들을 읽어낸다. 그리고 그것을 강의 주제와 연결하여 "여러분께서 이야기해 준 바로 그 고민, 그 기대가 우리가 함께 해결할 문제입니다. 강의가 여러분의 막힌 부분을 시원하게 뚫어줄 열쇠가 될 것입니다"라고 말하는 순간, 학생들은 비로소 이 강의가 자신들의 필요를 채워줄 것이라는 기대와 함께 강의에 대한 주인의식을 갖으며, 집중하게 된다.

사례 중심의 진솔함: 공감과 신뢰를 쌓는 힘

학생들의 마음을 여는 또 다른 강력한 열쇠는 바로 강사의 진심과 다양한 사례이다. 강사는 학생들의 성장을 진정으로 응원하는 멘토이자 조력자여야 한다. 자신의 솔직한 경험, 특히 학창 시절의 어려움이나 공부에 대한 고민, 실패와 극복의 과정을 나누는 것은 학생들에게 깊은 공감과 용기를 선사한다.

나는 종종 강의 중에 학창 시절, 수학을 잘하지 못해 어려워했던 경험을 솔직히 말하곤 한다. 또 가족들의 사례를 들기도 한다. 예를 들어 큰딸이 고등학교 2학년이었을 때 '나는 왜 공부를 해야 하는가?'에 대한 답을 찾지 못해 자퇴를 하겠다며 방황했던 이야기를 들려준다. 스스로 질문하고 답을 찾아가는 과정 자체가 중요한 학습이었다는 것을 자연스럽게 이야기한다.

두 딸이 각자의 방식으로 자기 주도성을 발휘해 특목고와 명문대에 진학한 경험, 그리고 지난 20년간 수많은 강의실에서 만났던 학생들 가운데, 자기주도학습을 통해 성공적으로 변화한 스토리텔링은 수강생들에게 동기 부여가 된다. 이러한 나의 진솔한 고백과 가족 이야기, 다채로운 사례들은 강사와 학생 사이의 권위적인 벽을 허물고 '우리 모두 같은 길을 걸으며 성장하는 사람'이라는 동질감을 형성한다.

완벽한 강사 이미지만을 고집하기보다, 인간적인 약점과 극복의 과정을 드러냄으로써 학생들은 강사에게 더욱 가깝게 다가서고 마음을 열게 된다. 학부모님들도 자녀의 멘토가 될 강사의 이러한 인간적 면모에 더욱 신뢰를 보낼 것이다.

'Why'를 찾아주는 안내자: 학습의 문을 스스로 열게 하라

때로는 학습의 장벽을 낮추는 재치와 전략이 필요하다. 딱딱하거나 어렵게 느껴질 수 있는 학습 목표라면, 학생들의 눈높이에 맞는 비유나 흥미로운 사례를 활용하여 진입 장벽을 낮추는 노력이 필수다. 예를 들어 복잡한 문제해결 과정을 설명할 때, 최신 유행 게임에 비유하여 "롤이나 오버워치처럼 복잡한 전략 게임도 처음에는 어렵지만, 맵을 익히고 캐릭터 스킬을 이해하며 꾸준히 연습하면 결국 고수가 된다. 자기주도학습도 마찬가지다. 꾸준히 공부하면 결국 성적은 오른다."라고 말하면, 학생들은 자연스럽게 도전 의식을 갖게 된다. 학습 동기를 유발하기 위해 관련 웹툰, 짧은 다큐멘터리, 또는 실제 성공 사례를 담은 영상을 보여주면서 호기심을 자극하는 것도 좋다.

작은딸은 고등학교 재학 기간 동안 평소 좋아했던 문학 작품을 깊이 있게 이해하기 위해 고전문학을 탐독하고 심지어 책을 필사하기도 했다. 나는 교과 학습 시간이 부족한데 독서에 많은 시간을 쓰는 것 같아 비효율적이라고 생각한 적도 있었다. 하지만 그것이 딸의 국어 학습법이었고, 결과적으로 매우 효과적이었다. 독서 토론 동아리를 만들어 주도적으로 활동하며 '국어국문학과' 진학이라는 구체적인 진로 목표를 다지고 강력한 내재적 동기를 부여했다.

중요한 것은 강의에서 말하는 내용들이 수강생들에게 '내가 이 강의를 왜 들어야 하는가?', '이 강의가 나의 미래에 어떤 긍정적인 영향을 줄 것인가?'에 대한 답을 스스로 찾아가도록 돕는 도구여야 한다는 점이다. 강사는 학생들이 스스로 배움의 문을 열도록 돕는 'Why'의 안내자 역할을 해야 한다. 청중들을 강의에 집중하게 하려면 강사가 먼저 손을 내밀고 그들을 '배움의 세계'로 초대하는 지혜가 필요하다.

파트 2.
자기주도학습의 실천:
앎을 행동으로 바꾸는 기술

학습 부담 덜어내기: 작게 쪼개어 가볍게 시작하라

아무리 좋은 지식이라도 학생들의 머릿속에만 머물고 행동으로 이어지지 못하면 소용이 없다. 중고등학생들이 자기주도학습 이론은 알고 있지만 실천을 제대로 하지 못하거나, 아예 방법을 몰라 시작조차 어려워하는 이유는 바로 막연함과 부담감 때문이다. '전 과목을 다 잘해야 한다', '매일 오랜 시간 공부해야 한다'라는 압박감은 시작하기도 전에 지쳐 포기하게 만든다.

자기주도학습의 진정한 가치는 '앎'을 넘어 '삶'으로 연결되는 과정에 있다. 우리는 강사로서 학생들이 지식을 자신의 삶 속에서 실제적인 변화로 만들어 낼 수 있도록 돕는 '실천 설계자'가 되어야 한다.

강의 콘텐츠를 학생들이 '해볼 만한' 아주 작은 단위의 행동으로 쪼개어 제시하는 것이 핵심이다. 예를 들어, "이번 시험 범위 전체를 완벽하게 외워라!"가 아니라, "오늘 자기 전 딱 10분만, 시험 범위 중 가장 이해하기 어려운 개념 1개를 다시 찾아보고 나만의 언어로 요약 정리해 보라"처럼 구체적이고 즉각적인 행동 지침을 주는 것이다. 이처럼 작은 성공 경험은 '나도 할 수 있다'라는 자신감을 불어넣고, 다음 단계로 나아갈 동기를 부여한다.

이론을 설명한 후에는 가능한 실습을 하는 것이 좋다. 예를 들어, '핵심 정리법'을 강의했다면, "자, 지금 배운 정리법으로 방금 배운 개념을 나만의 방식으로 핵심 키워드 3가지와 연결선으로 요약해 보세요."라고 미니 과제를 준다. 그리고 학생들끼리 서로의 요약본을 비교하며 배우는 시간도 마련한다. 이 과정을 통해 학생들은 배운 지식을 즉시 적용하며 배운 지식을 직접 본인 것으로 만드는 소중한 경험을 하게 된다.

나만의 학습 설계자가 되기: 메타인지를 깨우는 실천

자기주도학습의 중요한 축은 바로 '메타인지(meta cognition)', 즉 자신의 학습 과정을 인지하고 조절하는 능력이다. 강의의 핵심은 강사가 답을 주는 것이 아니라는 점이다. 강사는 학생이 답을 설계하도록 도와주면 된다. 학생들이 '학습 설계자'가 되도록 안내해야 한다. 이는 '공부를 어떻게 해야 하는가?'에 대해 스스로 답을 찾아가는 과정이다. 강의 중에는 학생들에게 '내가 무엇을 알고, 무엇을 모르는지'를 꾸준히 질문하도록 유도

한다. 예를 들어, "이 문제의 풀이법을 내가 정말로 이해했나? 아니면 그저 따라 쓴 건가?", "이 개념을 친구에게 설명해 줄 수 있을까?", "어떤 학습 전략이 나에게 가장 잘 맞을까?"와 같이 스스로를 되돌아보는 질문들을 던지게 하는 것이다. 이러한 자기 질문과 성찰은 학생들의 학습 습관을 점검하고 개선하는 출발점이 된다.

이어서 학생들은 자신만의 학습 플래너를 작성해 보는 시간을 갖게 된다. 거창한 계획표가 아니라, 이번 주에 집중할 과목, 목표하는 학습량, 예상되는 어려움, 그리고 그 어려움을 어떻게 해결할지 등 실질적인 내용으로 채워지도록 돕는다. 학부모님들께도 자녀의 계획을 함께 살펴보고, 현실적인 조언과 따뜻한 격려를 아끼지 않도록 가이드라인을 제시할 수 있다. 예를 들어, "이번 주 수학 개념 공부는 매일 저녁 30분씩 진행하고, 모르는 문제는 동영상 강의를 찾아볼 계획이다."와 같이 구체적으로 작성하게 한다. 강사는 학생들이 플래너 작성에서만 끝나지 않고, 그 계획을 실행하며 자신에게 맞는 최적의 학습 방법을 찾아가도록 끊임없이 독려하고 점검하는 역할을 해야 한다. 이러한 과정을 통해 학생들은 성공 경험을 쌓으며 학습효능감이 향상되고, 이는 곧 학업적 자아존중감으로 이어진다.

함께 가는 길: 공표와 피드백의 힘

자신이 세운 목표를 타인에게 '공개 선언'하는 것은 목표 달성률을 현저히 높이는 강력한 심리적 효과가 있다. 나는 강의 중에 학생들이 자신의 작은 학습 목표나 실천 계획을 친구들에게 이야기하거나, 강사에게 짧은 실천 다짐을 적어 제출하게 하는 활동을 통해 이를 적극적으로 활용한다. 예를 들어, "오늘부터 영어 단어를 매일 30개씩 암기할 것이다! 혹시 안 하면 하루에 2,000원씩 용돈을 받지 않겠다!"처럼 재미있는 서약을 하는 학생도 있었다. 이러한 공개 선언은 학생들에게 자기 자신과의 약속을 강화하고, 친구들의 지지와 가벼운 경쟁을 통해 동기를 유지하는 데 큰 도움이 된다.

더불어 강사는 학생들의 학습 과정을 세밀하게 관찰하고 맞춤형 피드백을 제공하는 조력자여야 한다. 강의 중 진행되는 실습이나 활동 후에는 반드시 피드백 시간을 마련하여, 학생들이 본인의 행동을 성찰하고 개선할 기회를 준다. 이때 강사의 피드백은 잘못을 지적하기보다 성장을 위한 건설적인 제안이어야 한다. "이 방법은 조금 비효율적이다."보다는 "이 부분을 이렇게 조정하면 좀 더 빠르게 핵심을 파악할 수 있을 것 같다. 다음번에는 이렇게 시도해 보는 건 어떨까?"와 같이 구체적인 대안을 제시하며 학생들이 스스로 최적의 방법을 찾아가도록 돕는 것이 중요하다. 친구들끼리 서로의 학습 과정과 결과에 대해 피드백을 주고받는 '동료 피드백' 시간을 통해 학생들은 다양한 관점을 경험하고, 협력 학습의 중요성도 깨닫게 된다. 학부모님들께서도 자녀의 학습 노트를 보며 칭찬과 함께 "이 부분은 이렇게 해보면 어떨까?" 하고 제안해 주는 지혜로운 피드백을 주어야 한다.

게으름을 이기는 기술: 학습 방해 요인과 맞서 싸우기

학생들이 지식을 행동으로 옮기는 데는 많은 방해 요소가 있다. '오늘은 너무 피곤해', '게임이 더 재미있어', 'SNS 잠깐만 봐야지' 등 달콤한 유혹과 내면의 게으름은 자기주도학습의 가장 큰 적이다. 강사는 이 방해 요인들을 학생들이 스스로 인지하고, 그것과 싸워 이길 수 있는 현실적인 '기술'을 가르쳐야 한다. "왜 자꾸 미루게 될까? 막상 하려니 왜 이렇게 어렵게 느껴질까?"와 같은 질문으로 학생들 스스로 자신의 학습을 방해하는 요소(예: 완벽주의, 과도한 목표 설정, 스마트폰 중독, 수면 부족 등)를 솔직하게 마주하게 한다.

그리고 강사는 그에 대한 현실적인 극복 방안을 제시한다. '뽀모도로 타이머(집중 25분, 휴식 5분)', '스마트폰 사용 시간 관리 앱' 활용법, '자신만의 휴식 보상 시스템' 만들기' 등 학생들이 실질적으로 적용할 수 있는 구체적인 팁들을 알려준다. "밤늦게까지 게임을 하고 다음 날 수업 시간에 졸면서 '나는 집중력이 없어'라고 자책하기보다, 게임 시간을 줄여 일찍 잠들고 다음 날 맑은 정신으로 수업에 집중하는 것이 진짜 집중력을 키우는 방법이다"와 같은 현실적인 조언은 학생들의 행동 변화에 큰 동기가 될 수 있다. 지식을 행동으로 바꾸는 DNA는 일회성 주입이 아니라, 강사의 깊은 통찰력과 서심한 설계가 동반된 반복된 실천과 성찰을 통해 학생들의 내면에 깊이 각인되는 것이다. 학부모님들께서는 자녀의 스마트폰 사용 시간을 함께 논의하고, 규칙을 정하며 솔선수범하는 모습을 보여주는 것이 중요하다.

파트 3.
자기주도학습의 지속:
멈추지 않는 성장의 습관 만들기

지속 가능한 학습의 씨앗: 흥미와 목표의 연결

강의가 끝났다고 해서 강사의 역할이 끝나는 것이 아니다. 진정한 강사 DNA는 학생들이 강의실 밖에서도 배움의 끈을 놓지 않고, 학습을 일회성 이벤트가 아닌 지속 가능한 삶의 습관으로 만들게 돕는 데서 발현된다. 마치 스스로 동력을 얻어 끊임없이 나아가는 엔진처럼, 학생들이 자신의 성장 궤도를 이탈하지 않도록 지원해야 한다. 학습의 지속 가능성을 담보하려면, 우리는 학생들에게 공부의 재미와 성장의 기쁨을 끊임없이 경험하게 해주어야 한다. 이 두 가지가 바로 지속 가능한 학습의 강력한 씨앗이다.

가장 먼저, 학습의 '한계치'를 정확히 파악하고 학생에게 맞는 적절한 난이도를 제시하는 것이 중요하다. 너무 어렵거나 너무 쉬운 학습은 곧 흥미를 잃게 하고 지속성을 저해한다. 모든 학생이 똑같은 속도로 나아가거나 똑같은 양을 소화할 것이라는 생각을 버려야 한다. 강사는 학생 개개인의 역량과 흥미를 고려하여, 도전 의식을 잃지 않으면서도 좌절하지 않을 정도의 '최적의 난이도' 목표를 설정하도록 돕는 것이 중요하다. 강의 후에는 심화 학습을 원하는 학생들을 위한 도전 과제나 추천 도서 목록을 제공하고, 기초가 더 필요한 학생들을 위한 보충 자료나 복습 가이드를 제시하여 각자의 속도에 맞춰 성장할 수 있는 길을 열어주어야 한다.

예를 들어, "수학 상위권을 위한 고난도 문제 풀이집 목록이다.", "기초 개념이 부족한 학생들을 위한 EBS 복습 강의 목록이다."와 같이 구체적으로 안내한다. 그리고 학생들에게 다음 주까지 본인에게 맞는 난이도의 자료를 찾아 학습해 보고, 어떤 부분이 도움이 되었는지 다음 시간에 짧게 공유해 달라고 요청한다. 이는 스스로 선택하고 책임지는 자기 주도성을 길러주는 좋은 기회가 된다. 학부모님들께서는 자녀의 학습 수준을 객관적으로 파악하고, 무리한 목표 설정으로 자녀가 지치지 않도록 세심한 지지와 조언을 아끼지 말아야 한다.

배움을 삶의 리듬으로: 루틴의 마법

단발성 동기부여는 오래가지 않는다. 진짜 자기주도학습은 루틴이 되었을 때 비로소 자리를 잡는다. 학습은 특별한 시간을 내어 하는 거창한 행위가 아니라, 밥을 먹고 잠을 자는 것처럼 자연스러운 습관이 될 때 지속될 수 있다. 강사는 학생들이 매일 일정한 시간을 정해 짧게라도 학습에 몰입하는 '루틴'을 만들도록 강조해야 한다. 그리고 스스로 그러한 학습 루틴을 가지고 있음을 공유하며 긍정적인 영향을 주어야 한다.

나는 매일 아침 인터넷으로 교육 관련 기사를 검색하며 트랜드를 이해한다. 운전을 할 때는 차에 타자마자 라디오를 켜고 영어 뉴스 채널을 듣는다. "이 작은 습관이 나를 꾸준히 성장하게 하는 원동력이라고 생각한다. 여러분도 자신에게 맞는 시간을 찾아 학습 루틴을 만들어 보라. 쉬는 시간 10분, 등하굣길 20분도 충분히 활용할 수 있다."와 같은 짧고, 반복 가능한 루틴을 설계하도록 하면 학생들에게 강력한 동기를 부여한다.

학생들 대부분은 스터디 플래너의 중요성은 알지만, 꾸준히 작성하지 못하는 데 좌절감을 느낀다. 나는 학생들에게 등교 직후, 또는 점심 급식 후 자투리 시간, 일과를 마치고 취침 직전과 같이 일정 시간을 정해 플래너를 작성하는 습관을 갖고, 이를 루틴으로 만들면 자기주도학습 실행에 매우 긍정적 변화가 있을 것이라고 말한다.

루틴의 마법은 자기주도학습의 핵심 동력이다. 학습 동기나 학습 의욕이 높아도 습관이 뒷받침되지 않으면 학습행동을 지속하기 어렵다. 자기주도학습에서 중요한 것은 "공부는 결심이 아니라 습관으로 하는 것"이라는 점이다. 학습 습관은 작은 행동에서 출발한다. 큰 목표를 세우기보다 작은 행동을 루틴화 하는 것이 지속성의 핵심이다.

'학습 일지'나 '습관 추적 앱'을 활용하여 학습 과정을 시각적으로 기록하고 성취감을 느끼게 하고, 온라인이든 오프라인이든 스터디 그룹을 만들어 주기적으로 서로의 진도를 확인하고 격려하는 활동을 독려하는 것도 효과적이다. 친구들 간의 긍정적인 경쟁과 협력은 학습의 끈을 놓지 않게 하는 중요한 요인이 된다. 학생들에게 "함께 성장할 친구를 찾아 서로에게 선한 영향력을 주어라."라고 조언한다. 학부모님들이 자녀의 학습 루틴을 존중해 주고, 학습 일지나 앱 활용에 대해 관심을 가져주며 꾸준히 응원해 주는 것이 필요하다. 규칙적인 학습 환경을 조성해주는 부모의 역할도 중요하다.

실패는 최고의 스승: 좌절을 성장의 기회로

자기주도학습은 기대처럼 순탄하게 흘러가지 않는다. 계획대로 되지 않는 좌절, 이해되지 않는 내용에 대한 답답함, 그리고 낮은 성적에 대한 실망감 등 수많은 실패와 마주하게 된다. 이때 강사는 학생들이 이러한 실패를 끝이 아닌 '최고의 스승'으로 여기도록 안내해야 한다. "넘어지지 않고는 걷는 법을 배울 수 없다"라는 진리처럼, 학습 과정에서의 좌절은 성장의 필수적인 과정임을 알려주는 것이다. 우리는 학생들에게 '실패 노트를 만들고 분석하기', '실패를 통해 얻은 교훈을 다음 학습 계획에 반영하기'와 같은 구체적인 전략을 가르쳐야 한다. "이번 시험에서 왜 이 문제를 틀렸을까? 어떤 부분이 부족해서 틀렸을까? 다음번에는 어떻게 공부해야 할까?"와 같이 자기 성찰 질문을 꾸준히 던져주어, 학생들이 본인의 성장을 주도적으로 이끌어 나가도록 돕는다.

더불어 학습의 결과뿐만 아니라 '과정' 자체에서 즐거움을 찾도록 유도해야 한다. 좋은 점수를 받거나 특정 자격증을 취득하는 것만이 학습의 전부가 아님을 학생들에게 인지하게 해야 한다. 새로운 지식을 탐구하는 호기심, 어려운 문제를 해결하며 몰입을 통해 얻는 성취감, 친구들과 지식을 나누는 과정에서 오는 기쁨 등 다양한 학습 동기를 자극한다. 강사는 "이 문제의 해결 과정을 찾아보니 어떤 부분이 가장 흥미로웠나?", "오늘 새로 알게 된 지식으로 친구에게 무엇을 설명해 줄 수 있을까?", "이 개념을 적용하여 여러분의 삶에 어떤 변화를 주고 싶나?" 등 질문을 통해 학생들이 자신의 내면 동기를 발견하고, 배움의 의미를 확장하게 돕는다. 배움이 어쩔 수 없는 의무가 아니라 즐거운 탐험이 되는 순간, 학습은 고통스러운 의무가 아니라 자발적인 행복으로 전환될 수 있다. 학부모님들은 자녀의 성적보다는 '얼마나 노력했는지', '어떤 것을 새로 배웠는지' 등 과정에 초점을 맞춰 칭찬해 주는 것이 중요하다.

나만의 길을 찾는 힘: 평생 학습자로 서는 법

자기주도학습의 최종 목표는 학생들이 강사나 부모의 도움 없이도 스스로 배움의 길을 찾아 나설 수 있는 '평생 학습자'로 성장하는 것이다. 강사는 학생들이 자신에게 맞는 학습 방식과 전략을 찾아 자신만의 학습 노하우를 구축하도록 조언해야 한다. 이는 마치 요리사가 자신만의 레시피를 만드는 과정과 같다. 어떤 학생은 반복 학습이 효과적이고, 어떤 학생은 토론하며 배우는 것을 선호하며, 또 어떤 학생은 직접 만들어 보고 체험해야 이해하는 등 각자의 학습 스타일은 모두 다르다. 강사는 다양한 학습 방법을 소개하고, 학생들이 자신에게 가장 잘 맞는 것을 발견하도록 격려해야 한다.

나는 강의가 없을 때 여러 스터디카페를 방문해 직접 공부해 본다. 아파트 커뮤니티센터 독서실, 지역 도서관 열람실, 학생들이 자주 찾는 프렌차이즈 카페 등 다양한 장소에서 학습하며 각각의 장단점을 찾아보고, 나에게 적합한 학습공간이 어디인지 고민해 본다. 물리적 공간은 집중력, 기억력, 학습 지속시간 등에 직접적인 영향을 주기 때문이다.

마지막으로 학습 피드백을 적극적으로 수용하고 활용하는 태도를 길러주어야 한다. "이번 주 학습을 통해 무엇을 잘했고, 무엇이 아쉬웠나? 다음 주에는 어떤 부분을 새롭게 시도해 볼 계획인가?"와 같은 자기 성찰 질문을 꾸준히 던져주어, 학생들이 스스로의 성장을 주도적으로 이끌어 나가도록 돕는다. 학부모님들은 자녀가 학습 방식을 되돌아보고 개선하는 과정에 동참하며, 필요한 정보와 기회를 제공해주는 것이 중요하다. 이러한 지속적인 자기 점검과 성찰이 습관으로 자리 잡을 때, 학생은 어떤 상황에서도 멈추지 않는 성장의 엔진을 지닌 자기주도적 인간으로 거듭나게 된다. 더 이상 수동적인 학생이 아니라, 자신의 미래를 스스로 개척해 나가는 주체적인 삶의 설계자가 될 것이다.

당신 안의 강사 DNA를 깨워라

우리는 지금까지 자기주도학습을 이끄는 강사의 DNA에 대해 깊이 탐구했다. 강의의 첫 문을 열고 학생들의 마음을 사로잡는 섬세한 전략부터, 지식을 실제 삶의 행동 변화로 이끄는 실천적 방법론, 그리고 강의실 밖에서도 배움의 불씨를 꺼뜨리지 않고 지속 가능한 성장을 돕는 현명한 관리법까지, 이 모든 과정은 학생들을 진정으로 변화시키는 강사만의 특별한 DNA를 형성한다.

자기주도학습의 핵심은 누군가의 완벽한 통제가 아닌 '학생 본인의 주체적인 성장'에 있다는 것을 명심하라. 우리는 학생들이 모든 것을 스스로 결정하도록 내버려 두는 방임자가 되어서는 안 된다. 동시에 학생들이 무조건 우리의 가이드를 따르도록 강요하는 지시자도 되면 안 된다. 강사는 학생들의 강점을 발견하고 그들의 질문에 귀 기울이며, 필요할 때 적절한 방향을 제시하는 '지혜로운 조력자'가 되어야 한다. 당신이 던지는 하나의 질문, 당신이 건네는 한마디 진심 어린 격려가 한 학생의 인생을 바꾸는 씨앗이 될 수 있음을 잊지 말아야 한다. 강사의 역할은 우리가 알려준 지식을 활용하여 학생들이 스스로 성장하는 방법을 깨닫도록 하는 데 있다.

자, 이제 당신 안에 잠자고 있던 '강사 DNA'를 깨울 때다. 바로 지금, 학생들이 배운 것을 즉시 적용해 볼 수 있는 구체적인 '실천 과제' 하나를 설계하고, 작은 성공 경험을 서로 나눌 수 있는 시간을 마련하라. 그리고 그들의 작은 발걸음과 성장을 진심으로 축하해 주어라. 그 순간 당신은 학생들이 자신의 미래를 스스로 개척하는 삶의 설계자가 되도록 돕는 진정한 '자기주도학습 강사'로 다시 태어날 것이다. 그 과정에서 당신 자신 또한 한 뼘 더 성장하는 놀라운 경험을 하게 될 것이라고 확신한다.

마음 기억 큐레이터 시니어 인지 활동 편

임 수 진

한국강사교육진흥원 수석위원

소통/힐링 커뮤니케이션전문강사

실버레크리에이션 전문강사

공감기억 스토리코치

기억은 사라지지 않는다, 다만 길을 잃을 뿐이다.

"선생님, 저희 어머니가 저를 못 알아보세요."

70대 딸이 내 손을 꼭 잡으며 말했다. 떨리는 목소리, 붉어진 눈. 그 순간 나는 알았다. 이 딸이 잃은 것은 어머니의 기억이 아니라, 평생 쌓아온 관계였다는 것을.

처음에 나는 요양원에서 시니어 프로그램 강사로 첫발을 내딛었다. 치매 어르신들과의 첫 만남은 충격이었다. 대학에서 배운 이론들은 현장에서 무용지물이었다. 준비한 활동지는 찢어졌고, 계획한 프로그램은 5분 만에 무너졌다. 어르신들은 자리를 박차고 나가시거나, 멍하니 앉아 계시거나, 소리를 지르셨다.

그날 밤 나는 모든 자료를 내려놓고 생각했다. '내가 뭘 잘못하고 있는 걸까?' 답은 의외로 간단했다. 나는 '프로그램을 진행'하고 있었지, '사람을 만나고' 있지 않았다. 나는 '인지 기능을 훈련' 시키려 했지, '마음을 기억' 하게 하지 않았다.

그 후 나는 접근법을 완전히 바꿨다. 어르신의 인지 점수가 아니라, 눈빛을 보기 시작했다. 정답을 맞히게 하는 게 아니라, 마음을 여는 법을 찾았다. 결과는 놀라웠다. 한 달간 아무 반응 없던 어르신이 손수건을 접으며 미소 지었고, 누구도 못 알아본다던 어르신이 손자 이름을 불렀다.

나는 깨달았다. 치매는 기억을 지우는 병이 아니다. 기억으로 가는 길을 잃게 만드는 병이다. 우리 강사의 역할은 그 길을 다시 찾아주는 것이다. 머리가 아닌 마음으로, 정답이 아닌 공감으로, 평가가 아닌 존중으로.

'마음 기억 큐레이터'. 나는 이 말에 지금까지의 강의 경력을 담았다. 큐레이터는 작품을 전시하는 사람이 아니라, 작품과 관람객을 연결하는 사람이다. 우리도 마찬가지다. 프로그램을 전달하는 게 아니라, 어르신의 마음과 기억을 연결한다.

이 글을 읽는 당신이 시니어 인지 활동 강사로 첫발을 내딛는 사람이든, 몇 년째 현장에서 씨름하는 사람이든, 어르신들 앞에서 무력감을 느낀 적이 있다면 이 글이 도움이 될 것이다.

나는 화려한 이론을 늘어놓지 않을 것이다. 대신 그간 수많은 어르신을 만나며 체득한, 현장에서 진짜 작동하는 DNA를 나눌 것이다. 어르신의 마음을 여는 법, 기억을 깨우는 법, 그 변화를 지속시키는 법.

당신도 할 수 있다. 어르신의 흐려진 눈빛이 반짝이는 순간, 굳게 다문 입에서 웃음이 새어 나오는 순간, 가족이 눈물을 흘리며 "어머니가 달라졌어요"라고 말하는 순간을 만날 수 있을 것이다.

그 순간이 바로 우리가 강사로 존재하는 이유다.

파트 1.

마음을 여는 DNA:
기억의 문을 두드리는 첫 15분

잊혀진 이름 속에 숨은 존재감

강의실 문을 열고 들어서면 가장 먼저 보이는 풍경이 있다. 고개를 숙인 채 앉아 계신 어르신들. 누군가는 창밖을 보고, 누군가는 옆 사람과 속삭이고, 누군가는 그저 멍하니 허공을 응시한다. 수많은 시니어 교육 현장을 지켜보며 깨달은 것이 있다. 이분들은 '배우고 싶지 않아서' 그런 표정을 짓는 게 아니라는 것. '내가 여기 있어도 되는 걸까' 라는 불안 때문이라는 것.

첫 10분이 모든 것을 결정한다. 이 시간 동안 학습자의 마음 문을 열지 못하면, 그 뒤 40분은 그저 시간을 채우는 의례에 불과하다. 특히 인지 기능이 저하된 시니어 학습자에게 첫인상은 단순하게 호감을 넘어서, '이 공간이 안전한가?' 를 판단하는 생존 본능과도 같다.

나는 강의를 시작하기 전 반드시 하는 일이 있다. 출석부를 보며 한 분

한 분의 이름을 소리내어 읽어보는 것이다. "김영자, 이순덕, 박금순…." 이름을 부르는 연습. 이것이 첫 번째 DNA다. 시니어 학습자들은 자신의 이름이 불릴 때, 비로소 '존재'로 인식된다. 복지관 프로그램 참여자, 치매 예방 교육 대상자가 아니라, 한 사람의 이름을 가진 존재로.

"오늘 이 자리에 김영자 선생님 나오셨나요?" 첫 호명. 손을 들어주신 다. "아이고, 선생님. 오늘 머리 새로 하셨네요? 참 잘 어울리십니다." 이 건 빈말이 아니다. 정말로 보이는 것을 말하는 것이다. 머리가 아니라면 옷 의 색깔이라도 좋다. "오늘 선생님 노란색 조끼 입으셨네요. 봄 같습니다." 구체적일수록 좋다. 추상적인 칭찬은 마음에 닿지 못한다.

실패의 두려움을 지우는 3분 의식

이름을 부른 뒤에 해야 할 일이 있다. 바로 '실패해도 괜찮다'라는 안 전망을 깔아주는 것이다. 시니어 학습자들은 젊은 학습자들보다 훨씬 더 실패를 두려워한다. 기억이 예전 같지 않다는 것을 본인이 가장 잘 알기 때 문이다.

"어르신들, 오늘 우리 여기서 뭐 시험 보는 거 아니에요. 제가 선생님 들 점수 매기는 것도 아니고요. 그냥 우리 재미있게 놀다 가는 거예요. 혹 시 뭐 제가 물어보는데 생각이 안 나시면요, '에이, 모르겠어' 하시면 됩니 다. 저도 나이 먹으면 어르신들처럼 될 거예요."

이 말을 할 때 웃으며 해야 한다. 진지하게 하면 오히려 학습자들이 긴 장한다. '아, 진짜 어려운 거 하려나 보다'라고 생각하기 때문이다. 가벼운 농담처럼, 그러나 진심을 담아서.

그리고 나는 반드시 '3분 워밍업'을 한다. 본 활동과는 전혀 상관없는, 누구나 할 수 있는 쉬운 질문으로 시작한다. "어르신들, 오늘 아침 드셨어요?", "네.", "뭐 드셨어요?" 이때부터 한 분씩 대답하시게 한다. "저는 미역국 먹었어요.", "아, 미역국! 저도 미역국 좋아하는데. 생일이셨어요?" 이런 식으로 자연스럽게 대화를 이어간다.

이 3분이 중요한 이유는, 학습자들이 내 목소리에 익숙해지기 때문이다. 첫 입을 여는 것이 가장 어렵다. 한 번 말문이 트이면, 그다음부터는 훨씬 수월해진다.

기억을 소환하는 감각의 스위치

시니어 인지 활동의 핵심은 '기억 소환'이다. 잊혀진 기억을 끄집어내고, 그것을 현재와 연결하는 작업. 그런데 이 소환 작업이 말처럼 쉽지 않다. "예전 생각나세요?"라고 물으면 대부분 "글쎄요…."라고 하시며 고개를 갸웃거린다.

나는 감각을 활용한다. 시각, 청각, 후각, 촉각. 오감 중 하나라도 자극하면 기억의 문이 열린다. 예를 들어 '옛날 추억' 회상 활동을 할 때, 나는 헌 동전이나 오래된 사진을 가져간다. 실물을 보면 기억이 살아난다. "어머, 이거 5원짜리 아니야?", "맞아요, 어르신. 이걸로 엿도 사 먹고 그러셨죠?", "그럼, 그럼. 저거 하나면 엿 두 개는 샀지."

혹은 동요를 튼다. "고향의 봄", "퐁당퐁당", "섬집아기" 같은 노래. 멜로디가 흐르면 어르신들 표정이 달라진다. 어느새 입술이 움직이고, 누군가는 따라 부르신다. 음악은 기억의 가장 깊은 곳에 저장되어 있어서, 다른 기억들이 다 사라져도 끝까지 남는다.

냄새도 좋다. 계절에 맞는 과일이나 허브를 준비한다. "어르신들, 이거 냄새 한번 맡아보세요." 귤껍질을 까서 돌린다. "어, 이거 귤 냄새네!", "맞아요. 겨울이면 생각나는 냄새죠?", "그럼, 겨울 되면 박스로 사다 놓고…."

이렇게 감각을 자극하면, 학습자들은 자연스럽게 자신의 이야기를 꺼내기 시작한다. 억지로 기억하라고 요구하지 않아도, 기억이 스스로 흘러나온다. 이것이 마음을 여는 두 번째 DNA다.

첫 성공 경험이 만드는 연쇄반응

마음을 여는 마지막 단계는 '성공 경험'을 주는 것이다. 강의 초반 10분 안에 학습자가 '아, 나도 할 수 있구나'라는 느낌을 받아야 한다. 그래야 나머지 시간 동안 적극적으로 참여한다.

나는 의도적으로 쉬운 활동부터 시작한다. 예를 들어 '색깔 찾기' 같은 활동. "어르신들, 우리 교실에서 빨간색 찾아볼까요?" 이 정도는 인지 기능이 저하되어도 충분히 할 수 있다. "저기 소화기!", "여기 가방!" 하나둘씩 대답이 나온다. "와, 어르신들 눈 정말 밝으시네요!" 진심으로 칭찬한다.

그리고 조금씩 난이도를 높인다. "그럼, 이번엔 동그란 거 찾아 볼까요?", "시계!", "저 전구!" 이렇게 몇 차례 성공하면, 학습자들 표정이 달라진다. 처음의 경계심이 사라지고, 눈빛에 생기가 돈다.

이 작은 성공들이 쌓여서 학습자는 '나도 배울 수 있는 사람'이라는 정체성을 되찾는다. 그리고 그것이 마음의 문이 활짝 열리는 순간이다. 강사로서 내가 만드는 첫 10분의 DNA는 바로 이 순간을 위해 존재한다.

파트 2.

지식을 행동으로 바꾸는 DNA: 손끝에서 피어나는 기억

듣기만 하면 사라지는 것들

강의실에서 가장 자주 듣는 말이 있다. "선생님, 지난 시간에 뭐 했더라?" 일주일 전 배운 내용을 기억하지 못한다. 아니, 어제 한 것도 가물가물하다. 처음엔 당황스러웠다. '내가 강의를 제대로 한 건가?' 자괴감이 들었다.

그런데 문제는 내 강의가 아니었다. 방식이 잘못되었던 것이다. 나는 너무 많이 '설명'했다. 칠판에 그림 그려가며, PPT 띄워 가며 열심히 알려드렸다. 그러나 시니어 학습자에게 청각 정보만으로는 부족하다. 귀로 들어온 정보는 휘발된다. 특히 인지 기능이 저하된 경우, 단기 기억이 장기 기억으로 넘어가는 과정 자체가 약해져 있다.

전환점은 우연히 찾아왔다. 어느 날 '계절 달력 만들기' 활동을 했다.

종이에 봄꽃 사진을 오려 붙이는 간단한 작업. 그런데 신기한 일이 일어났다. 다음 주에 만났을 때, 한 어르신이 말씀하셨다. "선생님, 저번에 우리 개나리 붙였잖아요." 기억하시는 거다. 손으로 직접 한 것은.

그 순간 깨달았다. 시니어 학습자에게는 '손의 기억'이 '머리의 기억'보다 강하다는 것을. 몸으로 경험한 것은 잊히지 않는다. 이것이 지식을 행동으로 바꾸는 첫 번째 DNA다.

3단계 행동 설계의 비밀

그렇다면 어떻게 '듣는 활동'을 '하는 활동'으로 바꿀 수 있을까? 나는 3단계 행동 설계 원칙을 만들었다.

1단계: 보고 확인하기

먼저 시범을 보인다. 말로만 설명하지 않는다. 내가 직접 한다. 예를 들어 '추억의 물건 그리기' 활동한다면, 나부터 칠판에 그린다. "제가 어렸을 때 갖고 놀던 딱지가 생각나는데요, 이렇게 생겼어요." 서툴게 그린다. 완벽할 필요 없다. 오히려 서툰 게 좋다. '아, 저 정도면 나도 하겠네' 생각하시게 만드는 것.

2단계: 따라서 해보기

그다음은 함께 한다. "자, 선생님들도 한번 그려보세요. 저는 딱지 그렸는데, 어르신들은 뭐가 생각나세요?" 이때 중요한 것은 '정답'을 요구하지 않는 것이다. 무엇을 그려도 괜찮다. 그림을 못 그려도 괜찮다. 중요한 건 '손을 움직이는 것' 자체다.

혼자 못하시는 분이 있으면 옆에 가서 함께한다. "어르신, 뭐 그리고 싶으세요?", "글쎄⋯.", "그럼, 제가 어르신 손 잡고 같이 그려볼까요?" 손을 잡고 함께 선을 그어드린다. 주도권은 학습자에게 있다. 나는 그저 보조할 뿐.

3단계: 나만의 방식으로 응용하기

마지막 단계가 가장 중요하다. 배운 것을 자기만의 방식으로 변형하는 것. "이제 어르신들이 원하는 거 아무거나 더 그려보세요." 누군가는 집을 그리고, 누군가는 사람을 그리고, 누군가는 글씨를 쓴다. 그게 뭐든 상관없다. 자기 손으로, 자기 방식으로 표현한 순간, 그것은 '내 것'이 된다.

이 3단계를 거치면 학습자는 수동적 청자에서 능동적 행위자로 바뀐다. 그리고 능동적으로 행동한 기억은 잊히지 않는다.

실패를 디자인하는 용기

많은 강사가 실수하는 지점이 있다. 학습자가 실패하지 않도록 모든 것을 완벽하게 준비하는 것. 재료를 미리 다 잘라놓고, 순서를 세세하게 적어놓고, 틀리지 않게 유도한다. 그런데 이것이 오히려 학습을 방해한다.

나는 의도적으로 '적당한 실패'를 디자인한다. 예를 들어 '옛날 간식 만들기' 활동할 때, 레시피를 완벽하게 주지 않는다. "설탕은 적당히, 물도 적당히 넣으세요." 그러면 누군가는 설탕을 너무 많이 넣고, 누군가는 물을 너무 적게 넣는다. "어머, 너무 달아!", "이건 너무 뻑뻑한데?" 그렇게 시행착오를 겪는다.

그리고 조정한다. "그럼 물을 좀 더 넣어볼까요?", "설탕을 조금 줄여 볼까요?" 스스로 문제를 발견하고, 스스로 해결책을 찾는 과정. 이 과정을 거쳐야 진짜 배움이 일어난다.

물론 위험한 실패는 안 된다. 칼을 다루거나 불을 사용하는 활동에서는 철저히 안전을 확보한다. 그러나 '해봐도 괜찮은 실패', '다시 할 수 있는 실패'는 오히려 학습의 재료가 된다.

어느 어르신이 말씀하셨다. "선생님, 제가 처음엔 이렇게 했다가 안 돼 서, 이렇게 바꿨거든요." 본인의 문제 해결 과정을 또렷이 기억하신다. 실 패하고 수정한 경험이, 성공만 한 경험보다 더 강렬하게 남는 것이다.

다섯 감각을 깨우는 활동 설계

시니어 인지 활동에서 가장 효과적인 것은 '다감각 활동'이다. 한 가지 감각만 쓰는 게 아니라, 여러 감각을 동시에 자극하는 것.

예를 들어 '허브 키우기' 활동. 이것은 단순히 화분에 물 주는 게 아니 다. 흙을 만지며 촉각을 쓰고, 허브 냄새를 맡으며 후각을 쓰고, 잎사귀 색 깔을 보며 시각을 쓰고, 바스락 소리를 들으며 청각을 쓴다. 심지어 민트 잎을 따서 차로 마시면 미각까지 동원된다.

이렇게 다섯 감각을 모두 쓴 활동은 기억의 여러 경로에 저장된다. 하 나의 감각이 자극될 때, 나머지 감각의 기억도 함께 깨어난다. "어르신, 저 번에 우리 뭐 했죠?", "음…. 뭐더라?", "향기 나던 풀 있잖아요.", "아! 민 트!" 한 가지 단서만 주면 전체 경험이 되살아난다.

나는 활동을 기획할 때 항상 체크리스트를 쓴다. '이 활동에서 시각은? 청각은? 촉각은?' 최소 세 가지 이상의 감각이 관여하지 않으면, 활동을 다시 설계한다. 감각이 많을수록 기억의 앵커 포인트가 많아진다.

짝과 함께하는 마법

혼자 하는 것보다 둘이 하는 게 낫다. 이것은 시니어 학습에서 절대 원칙이다. 짝 활동을 하면 두 가지 효과가 생긴다. 하나는 '사회적 기억', 다른 하나는 '상호지지'다.

"어르신들, 오늘은 옆 분이랑 같이 해보세요."라며 짝을 정해드린다. 처음엔 어색해한다. "내가 잘 못하는데….", "저 분 폐 끼치는 거 아냐?" 그런데 막상 시작하면 달라진다. "어머, 선생님 그거 어떻게 하셨어요?", "이거 이렇게 하는 거 아닐까요?" 서로 가르치고 배운다.

더 중요한 것은, 짝이 있으면 활동을 기억할 때 사람도 함께 기억한다는 점이다. "저번에 김 선생님이랑 같이 했던 거 있잖아요." 사람과 연결된 기억은 더 오래간다. 왜냐하면 인간의 뇌는 사회적 정보를 우선 처리하도록 설계되어 있기 때문이다.

나는 가능한 한 매시간 짝을 바꿔드린다. 고정된 짝도 좋지만, 새로운 사람과 만나는 경험 자체가 인지 자극이 된다. "오늘은 저쪽 분이랑 해보세요." 처음엔 낯설어하지만, 활동이 끝날 무렵이면 웃으며 대화하신다.

파트 3.
성장을 지속시키는 DNA:
강의실 밖에서 피어나는 습관

90분이 끝나면 모든 게 끝나는가

목요일 오전 10시, 강의가 끝난다. "어르신들 수고하셨습니다. 다음 주에 또 만나요!" 인사를 나누고 강의실을 나선다. 학습자들도 짐을 챙겨 집으로 돌아간다. 그리고 일주일 후, 다시 만난다. "어르신, 저번 주 기억나세요?", "글쎄요…." 마치 처음 만난 것처럼.

초보 강사였던 시절, 나는 이것이 당연하다고 생각했다. '어르신들이니까 잊어버리시는 거겠지. 그래서 매번 새로 가르치는 거겠지.' 그런데 어느 순간 의문이 들었다. '이게 정말 교육일까? 아니면 그냥 시간 때우기일까?'

진짜 배움은 강의실 밖에서 일어난다. 90분 동안 배운 것을 일상에서 실천할 때, 비로소 변화가 생긴다. 그런데 대부분의 시니어 학습자는 집에 가면 배운 것을 잊어버린다. 아니, 잊어버리는 게 아니라 '어떻게 이어가야 할지' 몰라서 멈춘다.

성장을 지속시키는 DNA의 핵심은 바로 여기에 있다. 강의실과 일상을 어떻게 연결할 것인가. 배움을 일회성 이벤트가 아닌 지속 가능한 습관으로 만드는 방법.

가장 작은 실천 하나

"어르신들, 오늘 배운 거 집에 가서 한번 해보세요." 이렇게 말하면 안된다. 너무 막연하다. 무엇을 어떻게 해야 하는지 모호하면, 결국 아무것도 안 하게 된다.

나는 강의 마지막 10분을 '실천 약속 시간'으로 쓴다. 오늘 배운 것 중에서 딱 하나, 집에서 할 수 있는 가장 작은 행동을 정한다. 예를 들어 '손가락 운동' 활동을 했다면, "어르신들, 오늘 저녁 TV 보시다가 광고 나올 때, 손가락 요렇게 한 번만 펴보세요. 딱 한 번만." 이 정도면 누구나 할 수 있다.

작은 게 중요하다. 큰 목표는 부담스럽다. '매일 30분씩 손운동 하기'는 작심삼일로 끝난다. 그러나 'TV 광고 시간에 손가락 한 번 펴기'는 할 수 있다. 그리고 한 번 하면 두 번 하게 되고, 두 번 하면 습관이 된다.

나는 학습자들에게 묻는다. "그럼 어르신, 언제 하실 거예요?"라며, 구체적으로 정하게 한다. "저녁 8시 뉴스 볼 때요.", "아침에 일어나서 세수하기 전에요." 시간과 장소를 특정하면, 실천 확률이 3배 이상 높아진다. 이것을 '실행 의도'라고 부른다.

보이는 것이 계속된다

집에 가면 잊어버린다. 이건 의지의 문제가 아니라 환경의 문제다. 강의실에는 자극이 많다. 강사도 있고, 친구들도 있고, 활동 재료도 있다. 그런데 집에 가면 그 어떤 것도 없다. 아무것도 보이지 않으면, 기억도 사라진다.

그래서 나는 '시각적 알림'을 만들어 드린다. 예를 들어 기억력 향상 활동을 했다면, 집에서 쓸 수 있는 작은 카드를 드린다. "어르신, 이거 냉장고에 붙여놓으세요. 아침마다 보면서 한 번씩 읽어보세요." 카드에는 아주 간단한 문장만 적혀 있다. "오늘 날짜는? 오늘 요일은? 어제 뭐 했지?"

혹은, 활동사진을 출력해서 드린다. "이거 보세요, 오늘 어르신들이 만든 작품이에요. 집에 가져가서 잘 보이는 데 붙여놓으세요." 사진을 볼 때마다 오늘의 활동이 떠오른다. 그리고 그 기억이 다음 행동을 촉발한다.

중요한 원칙이 있다. 알림은 '보기 쉬운 곳'에 있어야 한다. 서랍 속, 가방 안, 책장 뒤는 안 된다. 매일 지나가는 곳, 매일 보는 곳. 현관문, 화장실 거울, 냉장고 문, 침대 옆 벽. 시선이 자연스럽게 닿는 곳에 두어야 효과가 있다.

다음 주를 기다리게 만드는 힘

지속성의 핵심은 '기대감'이다. 다음 주 강의가 기다려지게 만들면, 학습자는 그 기대를 안고 일주일을 보낸다. 그리고 그 기대가 실천의 동력이 된다.

나는 강의를 끝내기 전에 항상 '다음 주 예고'를 한다. "어르신들, 다음 주에는 뭐 할 거 같으세요?" 호기심을 자극한다. "우리 어렸을 때 했던 놀이 중에 하나 할 건데⋯.", 여기서 멈춘다. 다 말하지 않는다.

"제기차기요?", "공기놀이요?" 학습자들이 추측한다. "음⋯. 비밀이에요. 다음 주에 오시면 알게 돼요." 이렇게 말하면 다음 주까지 궁금증이 유지된다. 그리고 그 궁금증 때문에 결석률이 줄어든다.

더 나아가, '숙제'를 낸다. 일반적인 숙제가 아니다. 재미있는 미션이다. "어르신들, 다음 주까지 집에서 딱 하나만 찾아오세요. 어르신들이 젊었을 때 쓰던 물건. 뭐든 좋아요. 작은 거요." 그러면 일주일 내내 생각하신다. '뭘 가져갈까?' 그 생각 자체가 인지 활동이 "선생님, 저 이거 가져왔어요. 제가 시집올 때 쓰던 손거울이에요." 그 순간 강의실 전체가 추억으로 물든다. 한 사람의 물건이 열 사람의 기억을 깨운다. 이것이 지속성의 선순환이다.

혼자가 아니라는 연결고리

시니어 학습자에게 가장 큰 장벽은 고립감이다. '나 혼자만 늙어가는 것 같다.', '내 기억력만 이렇게 나쁜 것 같다.'는 생각. 이 고립감이 실천을 막는다.

그래서 나는 '연습 친구' 시스템을 만들었다. 강의실에서 친해진 두 분을 짝지어 드린다. "어르신 두 분, 전화번호 교환하시겠어요?" 동의를 구한 후 연결해 드린다. "일주일에 한 번만 전화로 안부 묻고, 오늘 배운 거 했는지 물어봐 주세요. 그것만 하셔도 돼요."

처음엔 쑥스러워하신다. "내가 전화해도 될까?", "폐 끼치는 거 아냐?" 그런데 첫 통화를 하고 나면 표정이 달라진다. "어제 김 선생님한테 전화했더니 반갑대요. 한 시간이나 통화했어요." 서로의 안부를 묻고, 오늘 뭐 했는지 나누고, 배운 것을 함께 복습한다.

이 연결이 중요한 이유는, 서로 '외부 기억 장치'가 되기 때문이다. "어, 저번이 우리 뭐 했더라?", "우리 손운동 했잖아요. 요렇게." 혼자서는 떠올리지 못했을 기억을, 친구의 도움으로 되살린다.

나는 단톡방을 만들어 드리려다가 그만뒀다. 스마트폰 사용이 어려우신 분들이 많기 때문이다. 대신 '우리 반 소식지'를 만든다. A4 용지 한 장짜리. 이번 주에 뭐 했는지, 다음 주에 뭐 할 건지, 누가 특별한 일이 있었는지. 손으로 쓰거나 크게 프린트해서 나눠드린다. "이거 냉장고에 붙여놓으세요." 소식지를 보며 일주일을 기다린다.

작은 성공을 축하하는 문화

지속성을 만드는 마지막 DNA는 '인정'이다. 실천했을 때 누군가 알아주는 것. 특히 시니어 학습자는 인정에 굶주려 있다. 가족들은 당연하게 여기고, 사회는 무관심하다. 그래서 작은 실천도 크게 축하해 드려야 한다.

다음 주 강의 시작할 때, 나는 반드시 묻는다. "어르신들, 지난주에 약속한 거 해보셨어요?" 손을 들어주시는 분들이 있다. "와! 어르신들 대단하세요. 한 분씩 말씀해 주세요. 어떻게 하셨어요?"

"저는 아침마다 손가락 운동했어요.", "저는 냉장고에 붙여놓고 매일

봤어요." 한 분씩 이야기를 들어드린다. 그리고 박수친다. 진심으로 축하한다. "정말 잘하셨어요. 쉽지 않은데 매일 하셨다니 대단하십니다."

이때 중요한 것은 '못 한 사람'을 탓하지 않는 것이다. "못 하신 분 있으세요?" 이렇게 묻지 않는다. 대신 "이번 주는 어떤 분이 또 도전해 보실래요?" 긍정적으로 묻는다. 실천은 선택이지 의무가 아니다.

나는 '성장 노트'를 만들어 드린다. 공책 크기의 작은 노트. "어르신들, 오늘 배운 거 여기 적어보세요. 그림 그려도 좋고, 글씨 써도 좋아요. 그리고 집에서 해본 거 있으면 여기 표시해 주세요." 동그라미 하나, 별표 하나. 그것만으로도 충분하다.

몇 달 후 노트를 펼치면 보인다. '내가 이렇게 많이 했구나.' 본인도 몰랐던 성장이 눈에 보인다. 그것이 다음 실천의 동력이 된다. 작은 것들이 쌓여서 큰 변화를 만든다.

가족을 끌어들이는 전략

아무리 강의실에서 열심히 해도, 집에서 가족의 지지가 없으면 지속되기 어렵다. 특히 시니어 학습자의 경우, 가족들이 "그거 해서 뭐해요?", "시간 낭비 아니에요?" 하는 말 한마디에 무너진다.

그래서 나는 '가족 참관 주간'을 만든다. 한 달에 한 번, 가족을 초대한다. "어르신들, 다음 주에는 자녀분들 모시고 오세요. 우리가 뭐 하는지 보여드리는 거예요." 처음엔 부담스러워하신다. "애들이 바쁜데…", "뭐 보여줄 게 있나…"

그런데 막상 오시면 분위기가 달라진다. 어머니가 손가락 운동을 능숙하게 하시는 걸 보고 자녀분이 놀란다. "엄마, 이렇게까지 할 수 있어요?" 자랑스러워하신다. "이거 매일 연습했어."

나는 자녀분들에게 부탁한다. "어머니가 집에서도 이거 하실 수 있게, 일주일에 한 번만 '엄마 그거 해봐' 말씀해 주세요. 그것만으로도 큰 힘이 됩니다." 대부분 흔쾌히 동의한다. 그리고 집에서 환경이 바뀐다.

혹은 '가족 숙제'를 낸다. "어르신들, 이번 주는 가족들이랑 같이 해보세요. 손자 손녀랑 색종이 접기를 해보세요." 혼자가 아니라 함께 하는 활동. 그러면 배운 것이 가족의 추억이 되고, 그 추억이 실천을 이어가게 만든다.

6개월 후의 풍경.

지속성의 진짜 증거는 6개월 후에 나타난다.

처음 시작할 때와 지금을 비교하면 달라진 것들이 보인다. 표정, 말투, 자세, 참여도.

어느 어르신이 말씀하셨다. "선생님, 저 요즘 머리가 좀 맑아진 것 같아요. 전에는 자꾸 까먹었는데, 요즘은 좀 나아요." 객관적으로 인지 기능이 향상되었는지는 측정하기 어렵다. 그러나 본인이 '나아졌다.'라고 느끼는 것, 그것만으로도 충분하다.

더 중요한 변화는 태도다. "이번 주에는 뭐 배워요?", "다음에 또 올게요." 스스로 찾아오신다. 결석하시면 전화를 주신다. "선생님, 제가 오늘 병원 가야 해서 못 가요. 다음 주에는 꼭 갈게요." 의무가 아니라 즐거움이 된 것이다.

　　나는 6개월마다 '성장 앨범'을 만들어 드린다. 그동안 찍은 사진들, 만든 작품들, 적은 글들을 모아서 작은 책으로 엮는다. "어르신들, 우리 지난 6개월 동안 이렇게 많은 걸 했어요." 한 장씩 넘기며 함께 본다.

　　"어머, 이거 내가 만든 거야?", "이때가 봄이었지.", "이 사진 보니까 그때 생각나네." 과거의 기록이 현재의 자신감이 된다. '나도 할 수 있구나', '나도 배울 수 있는 사람이구나'라는 믿음. 그 믿음이 다음 6개월을 지탱한다.

　　강의실 밖에서 피어나는 습관. 그것이 진짜 교육의 완성이다. 90분 강의는 씨앗을 뿌리는 것이고, 일상의 실천이 꽃을 피운다. 강사의 DNA는 씨앗을 뿌리는 것에서 끝나지 않는다. 그 씨앗이 자라고, 꽃 피고, 열매 맺는 전 과정을 함께 돌보는 것이다.

당신의 첫 10분을 바꿔라

수많은 시니어 학습자를 만났다. 처음엔 무엇을 가르쳐야 할지 몰라 헤맸다. 커리큘럼을 짜고, 자료를 준비하고, 말을 다듬는 데 집중했다. 그런데 어느 순간 깨달았다. 중요한 건 '무엇을 가르치느냐'가 아니라 '어떻게 마음을 여느냐'였다는 것을.

시니어 학습자들은 이미 충분히 많은 것을 알고 있다. 70년, 80년을 살아온 인생의 선배들이다. 그들에게 필요한 것은 새로운 지식이 아니라, 잊고 있던 자신을 다시 발견하는 경험이다. '나도 아직 배울 수 있구나', '내기억도 아직 살아 있구나', '나도 누군가와 연결될 수 있구나'라는 깨달음이다.

강사의 DNA는 바로 이것을 만드는 능력이다. 마음을 열게 하고, 행동하게 만들고, 그 행동을 일상의 습관으로 이어지게 하는 일. 거창한 기술이 아니다. 이름을 불러주고, 실패를 허용하고, 작은 성공을 축하하고, 연결을 만들어 주는 것. 그 작은 것들이 모여서 기적을 만든다.

이제 당신이 시도할 차례다.

이 글을 읽는 당신이 내일 당장 시도할 수 있는 것 세 가지를 제안한다.

첫째, 출석부를 소리내어 읽어라.

강의 시작 전, 학습자들의 이름을 한 번씩 불러보라. 그냥 불러라. 어색해도 상관없다. 그 어색함마저 진심으로 전해진다.

이름을 부르면서 그 사람의 얼굴을 떠올려라. 오늘은 어떤 표정으로 올까. 무슨 옷을 입고 올까. 어제 무슨 일이 있었을까. 이 작은 준비가 당신의 첫 10분을 완전히 바꾼다. 학습자는 안다. 자신이 기억되고 있다는 것을.

둘째, 오늘 활동 하나를 '만지는 활동'으로 바꿔라.

당신은 지금 설명만 하고 있지 않은가? PPT만 넘기고 있지 않은가?

오늘 강의 중 단 10분이라도, 학습자가 손을 쓰는 시간을 만들어라. 무엇을 만들어도 좋다. 종이를 접어도 좋고, 그림을 그려도 좋고, 포스트잇에 한 문장을 써도 좋다. 물건을 만져보게 해도 좋다. 손이 움직이면 뇌가 깨어나고, 기억이 살아나고, 강의실이 달라진다.

셋째, 강의가 끝날 때 '가장 작은 약속' 하나를 받아라.

"오늘 배운 것 중에서 딱 하나만 골라보세요. 오늘 저녁에 해볼 수 있는 거 뭘까요?"

함께 정해라. 그리고 구체적으로 물어라. "언제 하실 거예요?", "어디서 하실 거예요?", "누구와 하실 거예요?" 다음 주에 만나면 꼭 묻는다. "하셨어요?" 했으면 진심으로 축하하고, 못 했으면 괜찮다고 말해준다. 그리고 다시 약속한다.

이 세가지만 해도 당신의 강의는 달라진다. 학습자의 눈빛이 달라지고, 참여도가 달라지고, 교실의 공기가 달라진다. 무엇보다 당신 자신이 느끼는 보람이 달라진다.

시니어 교육은 조급하면 안 된다. 빨리 가르치려고 하지 마라. 빨리 변화시키려도 하지 마라. 이분들은 천천히 걷는 사람들이다. 우리는 그 옆에서 함께 걷는 사람이다. 앞서가지도, 뒤처지지도 말고, 나란히 걸어라.

그리고 기억하라. 당신이 마주하는 70대, 80대 학습자는, 언젠가 당신 자신의 모습이다. 당신이 늙었을 때, 어떤 강사를 만나고 싶은가? 어떤 강의실을 원하는가? 그 답이 바로 지금 당신이 만들어야 할 강의실이다.

강사의 DNA는 유전되지 않는다. 배우고, 실천하고, 실패하고, 다시 시도하는 과정에서 만들어진다.

이것이 강사 DNA를 만드는 시작이다

당신이 이 글을 읽으면서 "해볼까?"라고 생각했다면, 그 마음이 당신의 강사 DNA를 만드는 작은 씨앗이 되기를 바란다.

지금 당장, 내일 강의의 첫 10분을 다시 설계해 보라. 무엇으로 마음을 열 것인가? 출석부를 부르며 한 사람 한 사람의 이름을 기억하는 것으로 시작할 것인가? 아니면 다른 방식으로 그들에게 "당신을 봅니다"라고 말할 것인가?

그다음 40분을 생각해 보라. 어떤 활동으로 손을 움직이게 할 것인가? 어떤 순간에 학습자가 수동적 청중이 아니라 능동적 참여자가 되도록 만들 것인가? 10분이면 충분하다. 그 10분이 나머지 40분을 살린다.

그리고 마지막 5분을 준비하라. 어떤 작은 약속을 받을 것인가? 거창한 목표가 아니라, 오늘 저녁 집에 돌아가서 딱 한 번만 해볼 수 있는 그 작은 것 말이다. 그 약속이 당신의 강의를 교실 밖으로 데리고 나간다.

그 답을 찾는 순간, 당신은 이미 강사 DNA를 가진 사람이다. 완벽한 답이 아니어도 괜찮다. 시도하는 것 자체가 DNA를 만든다. 실패해도 괜찮다. 다시 시도하면 된다. 중요한 건 오늘과 다른 내일을 만들겠다는 그 결심이다.

내일부터 시작하라. 하나씩만 해도 된다. 지금 바로 시작하라.

결심을 실천하는 순간, 당신은 이미 강사 DNA를 가진 사람이다.

좋은 관계를 새롭게 만들어 가는
대화의 태도

임 지 혜

프레임8교육연구소 소장

학교·공공기관 대화교육 및 대화법 전문강사

'사회정서기반 대화법,
프레임톡(FrameTalk)' 개발자

ICCS 코칭협회 교재·교육개발 연구원 및 1급 코치

파트 1.

마음을 여는 DNA:
좋은 관계를 새롭게 만들어가는 대화의 태도

나는 대화를 통해 관계를 새롭게 만드는 사람이다

대화법 강사가 되기 전, 나는 딸과 좋은 관계를 만들고 싶었다. 그러다 보니 어느새 이 길을 걷고 있었다. 하지만 대화법 강사가 된 지금도 나는 여전히 완벽하지 않다. 딸과 다툴 때도 있다. 그런데도 이 일을 계속하는 이유가 있다. 말 한마디가 관계를 바꾸고, 관계가 바뀌면 삶이 달라진다는 것을 직접 체험했기 때문이다.

무너진 대화에서 시작된 깨달음

내 강의는 강의실이 아닌 집 거실에서 시작됐다.
중2 딸과 매일 벌이는 실랑이. 아침마다 반복되는 풍경이었다.

"어제 몇 시에 잔 거니? 아침에 일찍 일어나야지.", "아침은 먹고 가야지.", "지각하겠다. 얼른 준비하고 학교 가야지."

나름 챙겨 준다고 하는 말들이었다. 하지만 딸의 얼굴은 점점 굳어갔고, 대답도 점점 짧아졌다.

"네.", "알겠어요.", "됐어요." 어느 날, 폭발했다.

"엄마는 왜 맨날 잔소리만 해요? 저는 뭘 해도 안 되나 봐요!"

딸이 방문을 닫고 들어가자, 거실에 혼자 남은 나는 소파에 앉았다.

'내가 뭘 잘못했지?'

사랑해서 하는 말인데 왜 딸은 잔소리로만 들을까?

그날 밤, 딸의 방에서 흐느끼는 소리가 들렸다. 문을 열고 들어가고 싶었지만 뭐라고 말해야 할지 몰랐다. 며칠 밤을 뒤척이며 내가 할 수 있는 게 무엇일지 생각했다.

'딸을 바꾸려 하지 말고, 내 말부터 바꿔보자.'

작은 실험으로 시작된 변화

다음 날 아침, "왜 또 늦어?"라고 말하려던 걸 참았다.

대신 "아침 먹고 가렴"이라고 말했다.

딸이 잠깐 멈춰 서더니 내 얼굴을 봤다. 잠깐이었지만 뭔가 달랐다.

'아, 이거구나.'

그 후로 의식하며 말을 바꿔보기 시작했다.

"숙제했어?" 대신 "오늘 새롭게 알게 된 건 어떤 걸까?" "방 좀 치워라" 대신 "방을 치우고 시작하면 기분도 새로워질 것 같네.", "왜 그렇게 해?" 대신 "무슨 힘든 일 있었어?"라고 물으며 아이가 스스로 선택해서 행동하길 기다렸다.

처음엔 어색했고 습관처럼 튀어나오려는 말을 의식하고 바꾸는 게 쉽지 않아 실수도 많이 했다.

매일 같이 다짐했지만, 습관을 단기간에 고칠 수는 없어서 어느 날은 "또 지각하겠네"라는 말이 튀어나와서 딸이 다시 토라졌다. 그럴 때마다 미안한 마음을 전했다.

"아까 엄마가 너무 재촉했네. 미안해."

시간이 흐른 뒤였다. 딸이 웃으며 말했다.

"엄마, 요즘 달라졌어요." "뭐가?" "전에는 맨날 이래라 저래라 했는데, 요즘은 그냥 들어주셔서요."

그 말을 듣는 순간 내 마음이 벅찼다.

새로운 관계의 시작

시간이 더 지나면서 작은 변화들이 눈에 띄기 시작했다.

아침에 "잘 다녀와, 딸."이라고 하면 "네, 엄마도 좋은 하루 보내세요."라고 답했다. 저녁에 "오늘도 애썼어."라고 하면 딸이 잠깐 미소를 지었다.

어느 토요일 오후, 딸이 거실로 나왔다.

"엄마랑 같이 산책하고 싶어요."

딸이 먼저 말을 걸어온 것이었다.

"그래, 함께 나가자."

그날 우리는 동네를 천천히 걸으며 일상의 이야기를 나누었다. 아이스크림도 사 먹고, 편안한 시간을 보냈다.

딸이 말했다.

"엄마, 요즘 친구들이 부러워해요." "응?" "엄마랑 얘기 많이 한다고요. 친구들은 부모님이랑 대화가 없대요."

그 말을 듣고 깨달았다.

내가 경험한 이 작은 변화가 다른 사람들에게도 도움이 될 수 있겠다는 걸.

파트 2.
지식을 행동으로 바꾸는 강사 DNA

강사의 탄생과 나만의 방식

마을 교육 공동체에서 부모 교육 강사를 모집한다는 공고를 봤다.

'내가 할 수 있을까?'

망설였지만 내가 경험한 변화를 다른 부모들과 나누고 싶다는 것, 이한 가지는 확신이 있었기에 수업을 하고 싶었다. 딸과의 갈등, 관계를 새롭게 만들어 가는 과정, 그 안에서 깨달은 것들을 솔직하게 나누며 수업하기로 결심했다.

담당자는 부담 갖지 말라며 미소지었다.

"그런 진솔함이 필요해요. 부모들에게는 이론보다 공감이 더 중요하거든요."

그렇게 첫 강의가 시작됐다.

첫 강의에서 얻은 깨달음

첫 수업 당일, 인생에서 손을 꼽을 만큼 그 순간이 떨렸다.

이렇게 많은 사람 앞에서 말해본 경험이 적어 떨리는 마음을 누르고 준비해 간 내용을 설명했는데 어색했다. 수강생들의 표정도 딱딱했다. 그때 퍼뜩 담당자님과 나눈 이야기가 떠올랐다. 내가 해야 하는 것은 이론을 설명하는 것이 아닌 경험을 나누는 일이라는 것을.

"그냥 제 얘기를 나눠도 될까요?"

나는 준비해 간 대본을 덮었고, 그때부터 편해졌다.

딸과의 경험담을 솔직하게 털어놨다. 실패했던 일들, 시행착오들, 작은 성공들.

"우리 집과 똑같아요.", "저도 그런 실수 많이 해요."

사람들이 원하는 건 완벽한 정답이 아니라 공감이라는 걸 깨달았다.

몇 번의 강의를 거치면서 나만의 스타일이 생겼다. 첫 시간에는 항상 이렇게 시작한다.

"오늘 오시면서 가장 변화되고 싶은 부분과 고민은 무엇인가요?"

먼저 손을 드는 사람의 얘기부터 들어본다. 가정에서 일어나는 비슷한 고민들이다.

"아이가 말을 안 들어요.", "대화가 안 돼요.", "맨날 싸워요."

그럼 내가 말한다. "저도 똑같았어요. 제 실패담부터 들려드릴게요."

왜 실패담을 먼저 나눌까?

우리는 실수하고 후회한다. 또 실수하며 후회를 반복한다.

후회하며 안타까워하는 마음을 잘 살펴보면 내가 진짜 원하는 마음이 무엇인지 알게 될 때가 있다. 그때가 새로운 시작의 기회이다.

처음엔 사람들이 당황한다. 강사가 자신의 실패를 이렇게 당당하게 드러내는 걸 본 적이 없고, 강사의 실패에 대한 크기가 자신의 상황보다 더 크게 느껴지기 때문이다. 하지만 곧 분위기가 바뀐다. 당혹스럽고 낯선 것에서 말문을 트게 만드는 용기로 변해간 것이다. 한 명의 용기만 있다면 기다렸다는 듯 서로의 실패담을 털어놓기 시작한다.

"저는 이런 식으로 망쳤어요.", "저는 이렇게 해서 관계가 틀어졌어요."

자연스럽게 배움이 일어난다. 서로의 경험에서 교훈을 얻고, 공감하고 받으면서 더 많은 이야기가 가능해진다. 이론으로만 남은 교육이 진정으로 체감이 되는 순간 우리는 새로운 시도를 해보겠다고 다짐한다. 내가 믿는 교육은 이것이다.

완벽한 사람이 가르치는 게 아니라, 같은 고민을 하는 사람들이 서로 위로하며 함께 나아가는 것 말이다.

깨달음의 순간들

강의하면서 많은 사람을 만났다. 각자 다른 이야기를 하고 있지만, 사랑하는 사람과 더 좋은 관계를 맺고 싶다는 간절한 본질은 같았다.

중학생 자녀를 둔 40대 아버지가 있었다. 이 분은 아들과 대화가 어렵다고 했다.

"저는 아들한테 늘 '공부해라'는 말만 해요. 다른 말은 할 줄을 모르겠어요."

그분의 목소리에 답답함이 묻어났다.

30대 어머니는 울먹였다.

"애가 학교에서 무슨 일이 있었는지 전혀 얘기를 안 해요. 어떻게 물어봐야 할지 모르겠어요."

어느 날 수업을 마친 뒤, 그 아버지가 말씀하셨다.

"선생님, 어제 아들이 제 어깨에 기댔어요. 그냥 TV 보면서 잠깐이었는데, 엄청 오랜만이에요." 쑥스러운 듯 웃고 있었지만, 그의 눈가가 촉촉해졌다.

실제 변화 사례들

한 어머니는 중학생 아들과 대화가 잘되지 않는다고 했다.

"아들이 학교 얘기를 안 하고 알아서 한다고만 해요. 집에 와도 방에만 있어요."

아들 방 앞을 지나갈 때 따뜻한 말 한마디를 건네보도록 그분에게 작은 제안을 했다. "뭐 필요한 거 있어?" 그냥 그 정도였다.

며칠 후 그 어머니에게서 연락이 왔다.

"아들이 밥 먹으면서 학교 얘기를 했어요."

또 다른 사례도 있다. 직장에 다니는 40대 어머니는 초등학생 딸과 숙제 때문에 자주 다퉜다고 했다.

"매일 학원 다녀와서 숙제하는데, 안 하려고 해요. 저도 지쳐요."

그분에게 제안한 건 간단했다. 숙제 얘기는 잠시 접어두자고 권했다.

"오늘도 애썼네.", "많이 피곤하지?", "고생했어."

며칠 후 그분이 말했다.

"제가 말하기 전에 딸이 먼저, 숙제하기 시작했어요."

내가 전하는 세 가지 핵심

강의에서 사람들이 자주 묻는다.

"선생님만의 비법이 뭐예요?"

내가 경험으로 터득한 것들이 있다.

첫째, 말보다 내 마음을 먼저 살피는 것이다.

화가 난 상태에서 하는 말은 아무리 좋은 내용이라도 상대에게 상처로 전해질 수 있다. 말하기 전에 잠깐 숨을 고르고, 내 마음부터 정리한다.

예전에 딸이 늦게 들어온 날이 있었다. 예정된 약속 시간보다 늦었는데 순간 화가 났다.

"왜 이렇게 늦어? 걱정했잖아!"

그 말이 튀어나오려는 순간, 잠깐 멈췄다. 내가 지금 화가 난 이유가 뭔지 생각해 보니 딸이 걱정돼서였다. 그래서 이렇게 말했다.

"늦어서 걱정했어. 무슨 일 있었니?"

둘째, 이기려 하지 않는 것이다.

대화는 토론이 아니다. 누가 옳은지 그른지 가리는 자리가 아니라, 서로를 이해하는 자리다. 딸과 의견이 다를 때가 종종 있다. 예전에는 내 생각이 맞다고 설득하려 했다. 나는 더 많이, 먼저 경험해 보았고, 내 아이에게는 좋은 것만 알려주고 싶었으니까.

하지만 이제는 다르다.

"엄마는 이렇게 생각하는데, 딸은 어떻게 생각해?"

둘 다 틀린 게 아니라 단지 관점이 다를 뿐이다.

셋째, 실수를 인정하는 것이다.

'내가 잘못했다'라는 말은 관계를 무너뜨리는 게 아니다. 오히려 더 단단하게 만든다.

어제도 딸에게 잔소리했다. 나중에 생각해 보니 불필요한 말이었다. 집에 들어가서 말해도 될 것을 굳이 사람들이 있는 자리에서 말을 했고, 그 상황에 대해 딸이 불편해하며 한 말까지 지적했다.

"지난번에 네 의견을 묻지 않고 엄마 이야기만 한 것 같아. 속상했지? 미안해."

"괜찮아요. 걱정해서 그런 거 알아요."

때로는 실수로 시작된 일이었지만 솔직하게 표현하는 대화가 우리를 더 가깝게 만든다.

강의 후에도 멈추지 않고 성장하는 DNA

함께 성장하는 사람들

요즘 내가 보람을 느끼는 순간이 있다. 수업을 들었던 분들이 안부 연락을 보낼 때다.

"선생님, 남편이 요즘 달라졌어요. 집에 와서 '오늘은 어땠어?'라고 먼저 물어봐요. 오랜만에 듣는 말이에요."

"아이가 저한테 고민 얘기를 하기 시작했어요. 전에는 이야기를 거의 안 했는데 이제는 조금씩 달라지네요."

"어제 아버지한테 '사랑해요'라고 말했어요. 마지막으로 한 게 언제인지도 기억이 안 나던 말이에요."

며칠 전에는 이런 일도 있었다. 수업을 들었던 중학교 선생님이 연락했다.

"선생님, 오늘 아이들에게 '오늘도 성장하느라 애썼어'라고 말했더니 한 아이가 '선생님도 고생하셨어요'라고 답하더라고요. 서로 기분이 좋아지는 느낌이었어요."

더 구체적인 변화 사례들

최근에 만난 사례 중 기억에 남는 것이 있다.

한 아버지가 대학생 아들과 관계가 좋지 않았다고 했다. 아들과 사소한 문제로 다퉜는데 요즘은 집에 들어와 거의 이야기 하지 않고 자리를 피한다고 했다.

"인사는 하지만 용돈이나 필요한 부분에 대한 정도만 이야기해요."

수업에서 들은 내용을 적용해서 아들에게 문자를 보냈다고 한다.

"아들아, 요즘 어떻게 지내니? 바쁘겠지만 건강 챙기며 지내라."

그냥 그 정도의 말이었다. 며칠 후 아들에게서 답장이 왔다고 한다.

"아빠도 건강하세요." 처음에는 어색했지만, 마음속 말을 표현하는 것을 시작으로 조금씩 마음을 표현하는 일에 익숙해졌다고 했다.

여전히 배우는 중

나는 완성된 강사가 아니다. 지금도 매일 성장하고 있다. 딸과 다툴 때도 있고, 강의에서 새로운 도전을 시도하기도 한다. 그 모든 과정이 진짜 삶이고, 참된 배움이다.

어제도 딸과 다퉜다. "방이 왜 이렇게 지저분해"라는 말이 튀어나왔다.

아, 또 말을 먼저 했구나. 딸은 한숨을 쉬며 방으로 들어갔다.

30분쯤 지나, 딸 방에 가서 문을 두드렸다.

"사정이 있었을 텐데 엄마가 묻지 않고 잔소리부터 했네. 미안해."

문이 열렸다. 그새 방을 치우고 있었던 건지 눈에 거슬리던 물건들이 조금은 사라져 있었다.

"괜찮아요. 사실 방이 좀 지저분했어요."

이제는 실수했을 때 빨리 인정한다. 그리고 더 나은 관계를 만들기 위해 노력한다.

강의하며 내가 배운 것들

강의하면서 가장 많이 배우는 건 나 자신이다. 사람들의 이야기를 듣다 보면 내가 놓쳤던 부분들을 발견한다. 어느 날 한 어머니가 이런 얘기를 했다.

"저는 딸이 울면 바로 위로해 주려고 해요. 그런데 딸은 그냥 혼자 있고 싶다고 하네요."

주고 싶은 사랑과 받고 싶은 사랑이 사람마다 다르다는 것과 때로는 상대에게 부담이 될 수도 있다는 것을 그 말을 들으며 다시 한번 깨달았다.

집에 와서 딸에게 물어봤다.

"딸, 엄마가 너무 참견할 때가 있지?"

"가끔요. 그냥 혼자 생각하고 싶을 때가 있어요."

그 후로는 딸의 마음을 더 세심하게 관찰했다. 내가 생각한 최선의 방법이 아니라 딸이 원하는 방법대로 해주고 싶어서. 혼자 있고 싶어 할 때는 그냥 두고, 얘기하고 싶어 할 때는 온전히 들어주었다.

계속하고 싶은 일

내가 계속하고 싶은 일은 이것이다. 서로 상처를 주며 살던 사람들이 조금씩 마음을 열어가게 하는 것과 말 한마디 때문에 멀어진 관계를 다시 가까워지게 하는 것이다.

상대방과 좋은 관계를 원했지만, 말로 인해 멀어진 관계를 회복하는 데 도움을 주고 싶다. 앞으로도 그런 일을 계속하고 싶다.

요즘은 온라인으로도 만난다. 반드시 시간을 내서 얼굴을 봐야 한다는 부담감보다 조금이라도 이야기를 나눌 수 있는 시간이 더 소중하다는 것을 알기 때문이다. 화상회의로 진행하는 강의도 있고, 카톡방에서 일상을 나누기도 한다. 서로의 이야기를 들어주고, 위로해 주며 함께 성장하는 것, 소통의 형태는 달라져도 본질은 같다.

수강생들과의 지속적인 만남

강의가 끝나도 관계는 계속된다. 종종 연락이 온다. 궁금한 것도 물어보고, 새로운 고민도 털어놓는다. 얼마 전 수업했던 어머니들을 만났다.

"요즘 아들이 저한테 농담도 해요. 얼마만인지 모르겠어요."

그러자 다른 어머니도 비슷한 얘기를 했다.

"저희 딸도 그래요. 학교 이야기도 하고 속상한 이야기를 할 때도 있어요."

이런 식으로 서로의 변화를 나누고 격려한다.

혼자서는 어렵기만 하던 말 습관의 변화도 함께하면 가능하다는 걸 경험한다.

어떤 분은 이런 말씀을 하셨다.

"선생님께 언제든 물어볼 수 있어서 포기하지 않았어요. 실수해도 다시 시작할 수 있다는 희망이 생겼거든요." 그 말을 듣고 깨달았다.

내가 하는 일의 진짜 의미는 단순히 지식을 전달하는 게 아니라, 사람들이 포기하지 않고 계속 시도할 수 있도록 응원하고 함께하는 것임을 말이다. 결국 우리는 나만의 고민이 아닌 우리의 고민으로 함께할 때 서로가 성장할 수 있다는 것을 깨달았다.

무너진 관계 사이에 작은 다리를 놓는 일

서먹해진 마음에 따뜻한 말 한마디를 건네는 일이 내가 계속하고 싶은 일이다. 작은 변화들이 모여서 누군가의 하루를 바꾸고, 관계를 바꾸고, 마음을 바꾼다면 그걸로 충분하다. 최근에 이런 메시지를 받았다.

"선생님, 저희 가정이 달라졌어요. 남편도 변했고, 아이들도 변했어요. 무엇보다 제가 변했어요. 매일이 즐거워요."

마음 정원에 심는 따뜻한 씨앗

딸과 매일 실랑이를 벌이며 절망했던 과거의 내가 딸과 이야기를 나누는 지금의 나를 본다면 뭐라고 할까?

아마도 "그때 포기하지 않아서 다행이야." 이렇게 말할 것 같다.

좋은 관계는 말의 기술이 아니라는 것과 화려한 스킬이나 특별한 방법이 아닌 작은 진심을 전하는 것으로부터 새롭게 만들어진다는 것을 나는 실패를 통해 배울 수 있었다.

우리에게 필요한 것은 완벽한 대화법이 아니라 따뜻한 마음으로부터 시작된다는 것도 깨닫게 되었다.

매일 아침 딸에게 "오늘도 최고의 하루가 되길, 우리 딸 잘 다녀와!"라고 말한다. 저녁에는 "우리 딸 오늘도 애썼어"라고 말한다. 평범한 말이지만 그 말속에 내 진심을 담는다.

관계는 잘 가꾸어야 하는 정원과 같다고 생각한다. 좋은 말은 씨앗이고, 따뜻한 관심은 물과 햇빛이다. 매일 조금씩 정성을 들이면 언젠가는 아름다운 꽃을 피운다. 여전히 딸과 다툴 때도 있고, 강의에서 새로운 도전을 하고 함께 배우며, 매 순간 성장하고 있는 그 모든 과정이 참된 배움의 시간이 된다.

실패를 나누고, 작은 성공을 응원하며, 한 걸음씩 나아가는 이 길은 혼자서는 어렵지만 함께 하면 따뜻하고 서로에게 힘이 되어 줄 수 있는 대로가 된다. 내 강의실은 배움의 공간이면서 동시에 새로운 시작의 공간이다.

멈춰있던 관계들이 다시 움트고, 막혔던 대화가 다시 흐르고, 굳어진 마음이 부드러워지는 곳이다. 좋은 관계를 새롭게 만들어 가는 대화법을 통해 사람들과 함께 걸어간다. 우리가 걸어가는 길은 우리에게, 우리의 아이들에게, 나아가 우리가 만나는 사람들에게 모두에게 잊을 수 없는 변화를 가져다줄 것이다.

마지막 이야기

시간이 흘러, 몇 해 전 상담을 진행했던 어머니에게서 연락이 왔다.

"선생님, 아들이 달라졌어요. 어제는 학교 얘기를 했어요."

목소리에 기쁨이 가득했다.

말이 달라지면 하루가 달라진다.

하루가 달라지면 관계가 달라진다.

관계가 달라지면 삶이 달라진다.

이 확실한 변화의 길을 나는 경험했다.

그리고 그 길을 걷고 싶은 사람들과 함께 나누고 있다.

오늘도 누군가의 마음 정원에 따뜻한 말의 씨앗을 심는다.

그 씨앗이 언젠가 피어날 꽃을 상상하며.

혹시 지금 관계 때문에 고민하는 사람이 있다면 이 말을 전하고 싶다.

"마음을 표현하는 작은 변화부터 시작해 보세요. 말 한마디가 관계를 바꿉니다. 혼자 걷기 힘들다면 당신의 마음 정원에도 아름다운 꽃이 필 수 있도록 함께 걸어요."

그 작은 변화가 모여서 우리의 일상을 조금씩 따뜻하게 만들어 갈 것이다.

교실에서 강단, 그리고 세상으로
(6년 교사와 14년 대학 강의가 남긴 마음의 울림)

최 미 나

전주대학교 교육학과 외래교수
전주대학교 교수학습개발센터 컨설턴트
비전원격평생교육원 운영교수
한국강사교육진흥원 수석위원

"교수님, 어떻게 하면 학생들이 수업에 마음을 열게 할 수 있나요?" 강의가 끝난 어느 날, 한 학생이 내게 던진 질문이었다. 나는 잠시 멈춰 서서 그 학생의 눈을 바라보았다. 그리고 이렇게 대답했다. "네가 지금 그 질문을 던지는 순간, 이미 시작된 거야."

20년 전, 나도 똑같은 질문을 품고 교단에 섰다. 중학교 교실에서 마주한 아이들의 눈빛은 생각보다 차가웠다. 열정만 가득했던 나는 무너지기 일보 직전이었다. '왜 아이들은 내 말을 듣지 않을까?', '왜 내 수업은 마음에 닿지 않을까?' 그때 깨달았다. 가르치는 기술보다 먼저 필요한 건 학생의 마음을 여는 능력이라는 사실을 말이다.

그 후 6년간의 교사 생활과 14년간의 대학 강단에서, 나는 수많은 시행착오를 거쳐 "강사 DNA는 만들어지는 것이다."라는 것을 알게 되었다. 강의는 마음을 움직이는 일이다. 마음이 움직여야 생각이 바뀌고 생각이 바뀌어야 행동이 달라진다. 그렇게 시작된 작은 변화가 한 사람의 인생을 바꿔 놓는다.

그래서 나는 작은 것들에 공을 들인다. 사소한 장치들이 교실을 배움의 공동체로 바꿔왔다. 이 글은 교실에서 부딪히고 강단에서 확인한 살아 있는 한 사람의 이야기다. 이 글이 강의를 준비하는 사람, 처음 교실에 서는 사람, 다시 수업의 숨을 고르고 싶은 사람들에게 작은 불씨가 되었으면 한다. 교실에서 시작된 메아리가 강단을 넘어서 우리의 삶으로 번지길 바라는 마음으로 이제, 함께 문을 열어보자.

파트 1.
마음을 여는 DNA:
마음을 열 때 배움이 시작된다

첫 순간이 수업을 바꾼다.

나는 언제나 수업 전 일찍 강의실에 들어가 잔잔한 음악과 함께 수업을 준비한다. 그리고 나는 학생들에게 자연스럽게 다가가 안부를 묻는다. "식사는 하고 왔니?", "과제 준비는 잘 되고 있니?" 이 짧은 대화는 생각보다 큰 힘을 발휘한다. 처음에는 대답을 머뭇거리던 학생들도 점차 목소리가 밝아지고 눈빛이 살아난다. 이 순간 학생과 나 사이에는 서서히 교감이 일어나고 가까워진다.

"교수님 수업은 기다려져요. 수업 전에 교수님이 먼저 다가와 주셔서 제 마음이 편해져요."라는 말을 들었을 때, 나는 강의실의 첫 순간이 얼마나 중요한지 알게 되었다. 학생들은 지식을 배우러 오지만 그 이전에 "나를 이해해 주는 사람이 이곳에 있다."라는 느낌을 받고 싶어 한다. 그리고 그 짧은 교감의 순간이 수업 전체의 분위기를 바꿔 놓는다.

또 다른 학생은 이렇게 이야기했다. "교수님, 수업 전에 해 주신 짧은 대화가 제 하루를 바꿔 놓을 때가 있어요. 그냥 안부를 물어봐 주신 것이지만 '나를 신경 써주는 사람이 있구나' 싶어서 하루 종일 힘이 났습니다." 안부의 말에는 라포의 힘이 고스란히 담겨 있었다. 강의가 시작되기도 전에 이미 교수와 학생 사이에는 서로를 향한 신뢰의 다리가 놓인다. 그래서 수업 전 라포 형성의 시간은 배움의 문을 여는 가장 중요한 열쇠가 된다.

이름을 부를 때 꿈이 자라난다.

요즘은 전자 출결 시스템으로 출석을 부르지 않아도 되지만, 나는 여전히 학생들의 이름을 직접 부른다. 출석은 "너는 나에게 소중한 존재다."라는 메시지를 전하는 의미있는 의식이기 때문이다. 나는 이름을 부를 때 반드시 얼굴에 미소를 가득 담아 학생과 눈을 마주치며 "OOO 선생님"이라는 호칭을 덧붙인다.

"OOO 선생님"이라고 불러줄 때, 학생들은 처음엔 순간적으로 당황한 듯 눈을 크게 뜨지만, 이내 얼굴이 환해지며 고개를 들어 나와 시선을 마주한다. 무표정으로 앉아 있던 얼굴에 작은 미소가 번지고, 그 미소는 그들에게 희망이 된다.

처음에는 어색해하던 학생들도 시간이 지날수록 그 호칭을 자연스럽게 받아들인다. "OOO 선생님"이라는 불림 속에서 자신이 미래에 서게 될 교사의 자리를 상상하고 예비 교사로서의 꿈을 다시금 확인한다. "OOO 선생님"이라는 호칭은 그들의 소망과 정체성을 불러내는 순간이 되는 것이다. 강의실 안에는 점점 '호명되는 기쁨'이 퍼져 가며 서로의 꿈을 존중하며 연결된 관계의 장으로 바뀐다.

"교수님, 제 이름에 '선생님'이라고 붙여 불러주셔서 깜짝 놀랐어요. 그런데 듣는 순간 가슴이 설레고 정말 제가 교사가 된 것 같은 기분이 들었어요." "OOO 선생님"이라고 출석을 불러주는 것은 학생이 배움의 문 앞에서서 '나도 이 수업의 주인공이 될 수 있구나. 그리고 나는 앞으로 진짜 선생님이 될 수 있구나' 하고 자각하게 만드는 열쇠였다.

감사 한 줄이 마음을 연다.

내 강의의 또 하나의 특징은 감사 명언 한 줄로 수업을 여는 것이다. 예를 들어, "감사는 마음의 근육과 같다. 매일 쓰면 강해진다."라는 문장을 함께 읽고 나면, 강의실 안에는 '감사바이러스'가 퍼져나간다. 누군가는 빙긋 웃으며 마음에 새기고 누군가는 메모하며 고개를 끄덕인다.

나는 종종 학생들에게 이렇게 말한다. "여러분, 진정한 교육은 사람을 지적·정서적·사회적·문화적·신체적으로 함께 성장하게 하는 거예요. 그래서 저는 수업을 '감사'로 시작합니다. 감사는 하나의 덕목에 그치지 않고,

삶 전체를 건강하게 성장시키는 토대가 되니까요." 이 말은 학생들에게 교사로서 가져야 할 마음의 태도와 교육의 본질을 전하는 순간이 된다.

시간이 흐르면서 학생들 사이에서도 변화가 나타났다. 감사 명언을 듣다 보니 사소한 일에도 감사하는 마음을 갖게 되었다는 학생들이 하나둘 늘어난 것이다. "교수님, 오늘 아침 버스를 제시간에 탈 수 있었던 것도 감사하게 됐어요.", "교수님, 제가 이렇게 강의를 듣고 있는 것도 감사해요." 라는 이야기를 들을 때면 감사가 학생들에게 삶의 태도로 스며들고 있음을 실감한다. 그리고 이런 경험은 학생들에게 교사의 역할이 곧 전인적 성장을 돕는 일임을 가르쳐 준다.

더 나아가 어떤 학생은 이렇게 말했다. "교수님, 나중에 제가 담임교사가 되면 아이들과 매일 감사 일기를 쓰고 싶어요. 감사하는 마음을 심어주는 게 가장 큰 교육이라고 생각해요." 그 순간 나는 감사가 미래 교사들의 교육 철학으로 확장되고 있음을 느끼게 되었다.

사실 요즘 교육 현장에서 인성교육은 중요한 화두다. 그러나 인성교육이 종종 교과서 속 이론이나 단발성 캠페인에 머무를 때가 많다. 진정한 인성교육은 학생들의 마음을 직접 움직이고, 일상 속 태도로 연결되는 작은 실천에서 시작된다. 감사 명언 한 줄이 학생의 마음을 흔들고, 그 마음의 떨림이 행동으로 이어지는 순간, 그것이야말로 살아 있는 인성교육이다.

하지만 감사의 의미를 더 크게 실감하는 순간은 따로 있다. 바로 스승의 날이다. 선생님들이 그날이면 "선생님, 감사합니다."라는 인사를 받는다. 그런데 내게는 조금 다른 경험이 있었다. 학생들이 내게 이렇게 말했다. "교수님, 오늘이 있을 수 있도록 해주셔서 감사합니다. 우리가 감사의 눈으로 세상을 바라보게 해 주셔서 고맙습니다."

이 말을 들었을 때, 나는 뭉클함을 넘어 깊은 감동이 밀려왔다 '이런 날이 우리에게 존재할 수 있도록 만들어주셔서 감사합니다'라는 진심 어린 말이었기 때문이다. 나는 그때 학생들에게 이렇게 대답했다. "스승의 날은 사실 교사가 있어서 생긴 날이 아니라고 생각해요. 여러분이 있기에 오늘이 있는 겁니다. 제가 존재할 수 있는 이유는 바로 여러분 덕분입니다. 제가 더 감사합니다"라고 말을 전했을 때, 학생들의 눈빛은 더욱 깊어졌다. 그 순간 강의실은 배움의 공간을 넘어서 서로가 서로에게 감사할 수 있는 장으로 변했다.

동기부여가 수업을 살아 있게 한다

나는 수업에 그날 배울 주제와 직접 연결되거나 학생들에게 성찰을 불러일으킬 수 있는 짧은 영상이나 최신 뉴스를 자주 활용한다. 이때 학생들은 "오늘 수업이 내 삶과 무슨 상관이 있을까?"라는 질문에 스스로 답을 찾아가게 된다.

예를 들어, 최근 한국 교육 현장에서 주목받고 있는 IB*(International Baccalaureate)* 교육에 관한 영상을 보여준 적이 있다. 국내 여러 시·도 교육

청이 IB와 협약을 맺고 공교육에 도입하려고 시도한다는 소식이었다. 학생들은 "IB 교육이 왜 주목받을까?", "이것이 한국 교육 현실과 어떻게 맞닿아 있을까?"라는 질문을 자연스럽게 품었다. 이처럼 최신 뉴스 하나가 이론 수업을 현실과 연결하는 다리 역할을 한다.

또 다른 날에는 학생 자살률과 관련된 보도를 보여주었다. 최근 통계에 따르면 청소년 자살률이 해마다 증가하여 사상 최고 수준에 이르렀다는 기사가 발표되었다. 학업 부담과 미래에 대한 불안이 주요 원인으로 지목되었고, 일부 학생들은 유서에 학교 성적과 입시 압박을 호소하는 글을 남기기도 했다. 이런 현실은 학생들에게 충격을 주는 데서 끝나지 않는다. 오히려 "우리가 교사가 된다면 이런 문제를 어떻게 예방하고 변화시킬 수 있을까?"라는 질문을 던지는 계기가 된다.

나는 영상을 보여준 뒤 학생들에게 묻는다. "이 뉴스가 오늘 우리가 배우는 주제와 어떻게 연결될 수 있을까요?", "여러분이 교사가 된다면, 어떤 방식으로 학생들의 삶을 지켜줄 수 있을까요?" 짧은 질문이지만 강의실 안에서 학생들이 스스로 현실을 바라보며 교사로서의 사명을 고민하게 되게 된다. "교수님, 오늘 수업은 시작부터 저를 움직이게 했습니다. 제가 앞으로 무엇을 해야 할지 생각하게 해 주는 시간이었습니다." 강의실은 현실의 문제를 마주하고, 새로운 도전을 결심하는 장으로 바뀐다. 그리고 이러한 동기부여는 수업 전체를 살아 숨 쉬게 만드는 시작의 불씨가 된다.

파트 2.
지식을 행동으로 바꾸는 DNA: 머리의 개념을 삶의 행동으로 잇다

배움의 끝은 변화다.

교육학은 교과서 속 개념으로만 존재할 때는 금세 잊히지만, 사람의 삶과 관계 속에서 만날 때 비로소 생명력을 갖는다. 나는 강의실에서 지식을 나열하는 대신 살아있는 교육학을 전하고자 한다.

나는 학생들에게 교육학이 '삶을 변화시키는 힘'이라는 것을 보여주고 싶다. 그래서 중학교 교사였던 시절의 이야기를 곁들인다. 현장의 이야기를 들려줄 때, 학생들의 반응은 확연히 달라진다. 처음엔 이론을 받아 적느라 굳어 있던 표정이 풀리면서, "아, 이게 바로 교육학이구나" 하는 깨달음이 스며든다. 어떤 학생은 강의 중에 메모를 하며 "나중에 내가 교사가 되었을 때 꼭 기억해야겠다"고 적어두기도 한다. 그 순간 교육학은 미래의 교직 실천을 이끄는 나침반으로 자리 잡는다.

나는 종종 학생들에게 이렇게 말한다. "여러분, 공부는 머리로도 하지만, 마음으로도 합니다. 머리로만 하는 공부는 시험이 끝나면 잊히지만, 마음으로 하는 공부는 삶 속에서 오래도록 남아 행동으로 이어지거든요." 이 말을 들은 학생들은 고개를 끄덕이며 자신의 배움 태도를 돌아본다. 자신이 배우는 진짜 이유는 앞으로 만날 아이들을 위해서, 그리고 더 나은 교사가 되기 위해서라는 사실을 깨닫는 것이다.

강의가 끝난 후, 한 학생이 다가와 이렇게 말했다. "교수님의 수업은 교과서적이지 않고, 제 마음을 움직입니다. 제가 나중에 어떤 교사가 되어야 할지를 생각하게 해줘요." 교육학은 책장 속에 갇혀 있는 학문이 아니다. 그것은 한 사람의 마음을 흔들고, 행동을 이끌며, 결국 삶을 변화시키는 힘이다. 머리로 하는 공부는 지식을 남기지만, 마음으로 하는 공부는 삶을 바꾼다. 그렇기에 내가 추구하는 강의의 본질은 지식의 전달에 머무르지 않는다. 사람을 움직이는 힘으로서의 교육학을 살아 있게 하는 것이다.

현장의 경험이 지식을 살아 있게 만든다

교육학은 책상 위에서만 이해하면 종종 추상적이다. '학습자 중심', '개별화 지도' 같은 개념은 머리로는 이해되지만 막상 교실 현장에 들어서면 어떻게 적용해야 할지 막막해지기 쉽다. 그래서 나는 강의에서 늘 교사 시절의 실제 경험을 녹여낸다. 추상적인 개념이 구체적인 얼굴과 사연을 가진 학생과 만나야, 비로소 행동의 언어가 되기 때문이다.

예를 들어 '학습자 이해'라는 주제를 다룰 때, 내가 만났던 학생 이야기를 꺼낸다. 중학교 시절, 유독 숙제를 잘 내지 않던 아이가 있었다. 교사였던 나는 처음엔 그저 '의지가 부족한 학생이라' 여겼다. 하지만 상담을 통해 알게 될 사실은 충격적이었다. 아이는 가정의 돌봄이 거의 없는 상태였다. 부모의 부재 속에서 저녁을 해결하기도 벅찼고 숙제는 생활의 우선순위에서 밀릴 수밖에 없었다.

그 사실을 알게 된 순간, 나는 교사로서의 시각이 달라졌다. 이전까지는 '왜 못 했니?'라는 책임 추궁에 머물렀다면 이후에는 '어떻게 도와줄까?'라는 질문을 던지게 된 것이다. 숙제를 내지 못한 이유를 알게 되면서 나는 그 학생을 처벌의 대상으로 보지 않고 지원과 격려의 대상으로 바라보게 되었다. 작은 간식거리를 챙겨주고, 과제를 교실에서 함께 마무리할 시간을 주었다. 그 뒤로 아이의 태도는 서서히 달라졌다. 아이의 마음을 움직인 건 '교사가 나를 이해해 주고 있구나' 하는 경험이었다.

이 이야기를 강의에서 들려주면 학생들의 반응은 확연히 달라진다. 교사가 되면 실제로 어떤 선택을 해야 하는지를 깊이 고민하기 시작한다. 어떤 학생은 강의 후 이렇게 말했다. "교수님, 저는 지금까지 숙제를 안 해오는 학생은 그저 게으르다고만 생각했어요. 그런데 교수님 이야기를 듣고 나니 그 아이 뒤에 어떤 사정이 있을지 먼저 살펴봐야겠다는 생각이 듭니다." 수업 내용은 머리에서 가슴으로, 그리고 가슴에서 행동으로 옮겨진다. 경험은 곧 추상적 개념을 살아 있는 교육학으로 변환시키는 촉매제가 된다.

학습은 함께 만들어 가는 공동체적 행동이다

나는 강의실을 서로가 배우고 가르치는 공동체의 장으로 만들고 싶다. 그래서 매주 단톡방을 통해 응원의 메시지를 보낸다. 또한, 수업 예고와 준비물을 공유하고 수업 후에는 학생들이 서로 의견을 나누도록 돕는다. 누군가는 요약을 올리고, 또 다른 학생은 자신의 느낌을 덧붙인다. 때로는 서로의 생각이 겹치기도 하고, 때로는 다른 시선이 이어지기도 한다. 이 과정에서 학생들은 수업을 '듣는 시간'으로 여기지 않는다. 함께 참여하고 만들어 가는 배움으로 경험한다. 강의실은 서로를 세워 주는 공동체가 된다.

한 학생이 수업 후 내게 이렇게 말했다. "교수님 덕분에 강의실이 교재로 수업하는 것을 넘어서, 서로를 응원하는 공동체라는 걸 느꼈습니다." 지식은 혼자 머릿속에만 머무르면 쉽게 사라진다. 하지만 공동체 안에서 나누고 실천될 때는 오래 지속된다. 배움은 결국 혼자가 아닌, 함께할 때 더 단단해지고 깊어진다.

그래서 나의 강의는 언제나 관계를 중시한다. 서로의 목소리를 존중하고, 함께 배우며, 서로를 성장하게 하는 힘. 그것이 바로 교육학이 행동으로 살아나는 순간이며, 내가 추구하는 강의의 또 다른 본질이다.

학기가 마무리 될 무렵 한 학생이 나에게 작은 쪽지 하나를 주었다. "교수님과 함께하는 시간은 서로의 마음을 북돋아 주고 함께 성장하는 공동체라는 걸 알게 해 주는 수업이었어요. 덕분에 배움이 더 따뜻하고 의미 있게 다가옵니다. 교수님 수업은 제게 힐링입니다. 저도 나중에 교수님 같은 선생님이 꼭 되고 싶어요. 제가 교사가 되면, 꼭 교수님께 다시 연락드릴게요." 이런 쪽지를 보며 나는 공동체적 배움이 지속성을 만든다는 것을 느꼈다.

나의 강의 철학은 관계에서 출발한다. 서로의 목소리를 존중하고, 함께 배우며, 서르를 성장하게 하는 힘. 그것이 바로 교육학이 행동으로 살아나는 순간이며, 내가 추구하는 강의의 또 다른 본질이다.

파트 3.
성장을 지속시키는 DNA: 마지막까지 남는 배움이 성장으로 이어진다

성찰이 배움을 성장으로 만든다

대부분의 수업은 15주 차에 시험을 치르고 그 순간 종강을 맞는다. 그러나 나는 시험을 14주 차에 미리 치른다. 마지막 15주 차는 배움을 정리하고 삶으로 옮기는 성찰의 시간으로 비워두기 위함이다.

시험이 끝나면 학생들은 대개 점수만 확인하고 수업을 잊기 쉽다. 하지만 마지막 주를 성찰의 주간으로 남겨두면 상황은 달라진다. 학생들은 답안지를 다시 펼쳐 보며 "몇 점을 맞았는가?"를 확인한 후 스스로에게 깊은 질문을 던진다. "나는 어떤 방식으로 공부했지?", "이번 배움이 앞으로 내 삶에 어떻게 연결될 수 있을까?" 이 과정을 통해 학생들은 점수에만 매달리던 태도에서 벗어나 배움의 본질을 생각하게 된다. 머리로만 치렀던 시험이 마음의 감동으로 바뀌게 된다.

어느 날 한 학생이 마지막 시간에 이렇게 나누어주었다. "교수님, 점수만 확인하고 그냥 지나가던 시험이었는데 이번에는 제 답안 속에서 제가 어떤 사람인지 어떤 공부 태도를 가지고 있었는지를 돌아보게 됐습니다. 성적보다 더 큰 배움이 남았어요."

작은 운영의 차이가 결국 학생들의 성장을 바꾸고 그 성장은 습관으로 이어진다. 그래서 나는 늘 마지막 시간을 피드백과 자기 성찰로 채운다. 학생들은 그 자리에서 자신에게 다시 묻는다. "나는 무엇을 배웠는가?", "내 배움은 앞으로의 삶과 교직에 어떻게 이어질 수 있는가?", "나는 어떤 교사가, 어떤 사람이 되고 싶은가?" 바로 이 순간, 예비 교사들에게 교육학은 삶의 방향성을 찾아주는 장치가 된다. 배움은 성찰 속에서 완성되며, 성찰은 학생들을 더 큰 성장을 향해 나아가게 만든다.

또한 나는 평가의 방식에서도 성찰을 담으려 한다. 발표나 과제는 교수가 점수를 매기는 것으로 끝나지 않는다. 동료 평가와 자기 평가를 함께 도입해 학생 스스로 준비 과정에서의 노력을 돌아보고, 배우고, 성장한 흔적을 확인하도록 한다. 내가 매기는 점수는 결국 '겉으로 보이는 수치'에 불과하다. 진짜 평가는 학생 스스로의 마음속에서 이루어진다. 바로 그 성찰이 삶으로 이어지는 배움의 힘이 된다.

마지막까지 남아 있는 대화가 성장을 만든다

강의가 끝난 뒤에도 강의실을 쉽게 떠나지 못하는 학생들이 있다. 대부분은 짐을 챙겨 빠르게 나가지만, 몇몇 학생들은 자리에서 망설이며 나를 바라본다. 나는 늘 강의실에 남아 그들의 이야기를 끝까지 들어준다. "교수님, 제 진로가 아직 명확하지 않아요.", "교사가 되는 게 저한테 맞는 길일까요?", "앞으로 어떻게 공부를 이어가야 할지 막막해요."라는 질문들을 들을 때면, 강의는 이미 끝났지만 배움은 여전히 이어지고 있다는 사실을 실감한다. 강의의 본문은 마무리되었지만, 사람 대 사람으로 이어지는 짧은 대화가 오히려 더 오래 남는다.

한 번은 진로에 대해 고민하던 학생이 내게 이렇게 말했다. "교수님, 수업에서 배우는 것도 좋았지만, 마지막에 교수님이 제 이야기를 들어주신 게 더 큰 힘이 되었어요. 그냥 제 얘기를 누군가 들어준 것만으로도 제가 존중받는 사람이라는 생각이 들었어요."

학생들은 "나의 이야기를 들어주는 사람"이 곁에 있다는 경험을 통해 새로운 용기와 방향을 얻는다. 작은 대화 한 줄이 진로를 바꾸지는 못할지 모른다. 그러나 "나는 혼자가 아니다"라는 생각은 그들에게 성장을 지속시킬 내적 동력이 된다.

교육학은 존중받는 경험과 관계 속에서 비로소 살아 움직이는 학문이 된다. 그래서 나는 강의가 끝나도 서둘러 교실을 떠나지 않는다. 마지막까지 남아 있는 학생들의 이야기를 들어주는 그 시간이 때로는 한 학기 강의보다 더 큰 여운을 남기기 때문이다. 이것을 알기에 강의실에서 가장 마지막에 나오는 사람은 바로 나였다.

결론: 강사 DNA는 실천에서 완성된다

돌아보면 강의는 늘 사소한 순간에서 시작되었다. 교사를 꿈꾸는 학생들에게 "○○○ 선생님"이라는 호칭을 불러주며 눈 마주치기, 수업 전 건네던 안부 한마디, '감사 한 줄'로 열었던 수업, 시험을 앞당기고 남긴 성찰의 시간, 그리고 강의가 끝난 뒤에도 이어진 작은 대화들. 바로 이런 작은 차이와 작은 선택들이 학생들의 마음을 움직였고, 그 마음이 행동을 바꾸었으며, 결국 삶을 성장으로 이끌었다.

강사 DNA는 작은 실천을 반복하며 길러지는 것이다. 누구나 마음을 열고, 지식을 행동으로 연결하며, 배움을 습관으로 이어가는 과정을 통해 강사로서의 DNA를 만들어 갈 수 있다. 그렇다면 지금 당장 할 수 있는 일은 무엇일까? 아래의 것을 내일의 강의에서 시도 해보라.

① 이름을 부르며 눈을 맞춘다 : "〇〇〇 선생님"이라 불러주는 한마디가 학생의 정체성을 깨우고, 수업의 첫 순간에 마음을 연다.
② 수업 전 5분, 라포를 만든다 : 음악과 짧은 안부가 긴장을 녹이고 관계를 가깝게 해 준다.
③ 마지막까지 남아 성찰을 이끈다 : 수업이 끝난 뒤 학생의 이야기를 들어주는 그 시간이 배움을 성장으로 완성시킨다.

이 중 하나만으로도 교실은 달라지고 학생의 마음은 반응한다. 작은 차이가 공명을 만들고, 그 공명이 결국 세상을 바꾼다. 강사 DNA란 사람의 마음을 움직이고 함께 성장하는 작은 실천의 힘을 믿는 태도다.

돌아보면 강의는 삶의 축소판이었다. 가르치는 일은 곧 배우는 일이고, 이해받고 싶은 마음이 결국 이해하는 마음으로 자라났다. 교육은 결국 '관계의 예술'이며, 그 예술은 사랑과 존중의 마음에서 완성된다. 내가 전한 한마디가 누군가의 용기와 희망이 되고, 학생의 눈빛이 다시 나를 성장시키는 이 순환 속에서 나는 매 학기 새롭게 태어난다.

나는 오늘도 다짐한다.
"감사로 자라고, 배움으로 깊어지고, 나눔으로 피어나는 삶."
이것이 나의 교육철학이자 내가 살아가는 이유다.

움직임으로 만드는 공감의 물결

최 여 진

한국강사교육진흥원 수석위원
건강보험공단 건강백세운동교실 강사
노인, 생활, 유소년 스포츠지도사
라인댄스지도사

작은 몸짓 하나가 공기를 바꾼다. 함께 하품하며 웃고, 같은 리듬으로 고개를 끄덕이는 그 순간, 어색함은 풀리고 신뢰가 열린다. 이 책은 그렇게 시작된 작은 움직임이 공감의 물결로 번지는 방법을 다룬다.

우리는 미러링과 동조화로 어색함을 덜고, 익숙한 동작과 깊은 호흡으로 참여를 이끈다. 그리고 느끼고, 익히고, 나누는 흐름으로 실천을 이어간다. 아이부터 시니어까지 통하는 호흡, 균형, 리듬이라는 공통 언어로, 누구나 곧바로 따라 할 수 있게 돕는다.

그래서 책을 덮는 순간, 다음 강의의 시작은 한결 따뜻해지고, 그 시작은 자연스럽게 참여와 신뢰를 부른다. 시작이 달라지면 결과도 달라진다.

파트 1.
마음을 여는 DNA:
첫 만남의 마법을 부리다

몸이 먼저 말을 걸어야 마음이 열린다.

강의실 문을 열고 들어서는 순간 나는 학습자들의 몸짓부터 읽는다. 팔짱을 낀 채 뒤로 기댄 자세, 휴대폰만 들여다보는 고개 숙인 모습, 시계를 슬쩍 보는 시선 이 모든 것이 그들의 마음 상태를 말해준다. 수년간 수백 개의 강의실을 누비며 깨달은 것이 있다. 말로 마음을 열려고 하면 시간만 걸린다. 몸이 먼저 움직여야 마음이 따라온다.

몸의 움직임은 사람과 사람 사이의 소통이며, 서로를 이해하게 만드는 열쇠다. 그래서 나는 이 소통의 비밀을 더 알고 싶어졌다. 노인 스포츠지도사, 생활 스포츠지도사, 유소년 스포츠지도사 자격을 하나씩 공부하며. 아이부터 어르신까지 각 연령대의 마음을 제대로 읽고 싶었기 때문이다

경계를 허무는 몸짓 대화법

학습자의 마음을 여는 첫 번째 비결은 동조화다. 그들의 호흡 패턴과 자세를 관찰한 후 나의 움직임을 서서히 맞춰간다. 급하게 내 페이스로 끌어가려 하면 벽만 더 높아진다. 마치 춤을 출 때 파트너와 호흡을 맞추듯, 상대방의 몸짓 언어를 먼저 읽어내야 한다.

라인댄스 수업에서 터득한 미러링 기법이 특히 효과적이다. 학습자가 불안해하며 팔을 감싸 안고 있으면 나도 자연스럽게 같은 자세를 취한다. 그리고 천천히 팔을 풀어가며 열린 자세로 변화시킨다. 신기하게도 학습자들이 무의식적으로 따라 한다. 이것이 바로 몸짓 대화법의 힘이다.

체조 수업에서도 마찬가지다. 처음 오신 분들은 대부분 몸을 움츠린다. 부끄러워하고 위축되어 있다. 이때 내가 먼저 크게 숨을 들이마시고 내쉬는 모습을 보여준다. 자, 함께 깊게 숨을 쉬어볼까요? 그럼 자연스럽게 가슴이 열리고 움직임도 시작된다.

첫인상을 뒤바꾸는 움직임 오프닝

사실 움직임은 전염된다. 누가 하품을 하면 옆 사람도 하품을 하게 되어 있다. 목이 아픈 사람을 보면 나도 모르게 목을 만지게 된다. 이런 본능을 활용하는 것이다. 먼저 움직이면 따라 움직인다. 이것이 몸이 가진 자연스러운 소통 방식이다.

체조 교실에서는 더욱 과감하다. 첫 수업 때, "모두 크게 하품해 보세요!"라고 한다. 처음엔 어색해하지만, 곧 웃음이 터진다. 하품 하나로 긴장이 풀리고 친근감이 형성된다. 이런 단순한 몸짓 하나가 전체 분위기를 바꾸는 마법이 된다.

특히 시니어는 정형화된 인사에 익숙하다. 그래서 나는 전통적인 국민체조 동작으로 인사를 시작한다. 차렷, 경례! 하면서 함께 고개를 숙인다. 그럼 반가운 표정을 짓는다. 익숙한 것에서 시작해서 새로운 것으로 이끌어가는 것이다.

나이와 세대를 뛰어넘는 소통의 열쇠

전 세대를 아우르는 강의를 하다 보니, 연령대별로 선호하는 움직임이 다르다는 것을 발견했다. 60대 이상 어르신들은, 전통 체조나 국민체조 같은 정형화된 동작을 좋아한다. 40~50대는, 요가나 스트레칭 같은 웰빙 운동에 관심이 많고 30대는, 에어로빅이나 댄스 같은 역동적인 움직임을 선호하며, 아이들은 놀이와 게임이 결합 된 움직임을 즐긴다.

하지만 놀라운 것은 이 모든 움직임의 기본은 같다는 점이다. 호흡, 균형, 리듬감 이 세 가지만 제대로 갖춰도 어떤 연령대든 소통이 가능하다. 체조 교실에서 7세 손자와 함께 온 70세 할머니가 같은 동작을 하며 웃는 모습을 보면 움직임이야말로 진정한 소통의 언어임을 확신하게 된다.

노인 스포츠지도사를 통해 시니어의 특성을 이해하고, 생활 스포츠지도사를 통해 일반 성인들의 니즈를, 유소년 스포츠지도사를 통해 아이들의 성향을 이해할 수 있게 되었다. 세 가지 자격을 갖춘 이유는 단순하다. 전 세대를 아우르는 소통을 하고 싶었기 때문이다. 각 연령대의 특성을 알아야 그들의 마음도 열 수 있다.

아이들에게는 놀이처럼, 어른들에게는 건강관리처럼, 어르신들에게는 추억 소환처럼 접근하면 모두가 즐길 수 있다. 같은 스트레칭 동작이라도 아이들에게는 고양이처럼 기지개 켜보자, 어른들에게는 어깨 근육을 이완시켜 볼게요, 어르신들에게는 젊었을 때 하던 체조 기억나시죠?라고 설명하는 식이다.

저항을 협력으로 바꾸는 공감 스위치

거부하는 사람일수록 사실 더 간절한 경우가 많다. 몸이 아프거나 자신감이 없어서 움츠러든 것이다. 그런데 우리는 겉으로 드러나는 모습만 보고 쉽게 판단한다. 저 사람은 의욕이 없나보다, 관심 없나 보다 하면서 말이다.

진짜 중요한 건 그 사람이 왜 그런 표정을 짓고 있는지 궁금해하는 마음이다. 혹시 어디 아픈 곳이 있는 것은 아닐까? 전에 운동하다가 다친 적이 없었나? 아니면 단지 사람들 앞에서 부끄러움 타는 성격일까? 이런 생각을 하다 보면 밀어붙이고 싶은 마음은 자연스레 사라진다. 대신 조용히 그 사람을 기다려 주고 싶은 마음이 생긴다.

파트 2.
지식을 행동으로 바꾸는 DNA: 몸으로 기억하게 만들다

아는 것과 하는 것 사이의 거대한 틈

머리로는 다 이해했는데 몸이 따라주지 않는다는 말은 학습자들이 가장 자주하는 호소다. 특히 건강 운동 수업에서 이런 이야기를 많이 듣는다. 올바른 자세와 동작을 설명하면 고개는 끄덕이지만, 막상 따라 하려 하면 몸이 엉킨다. 그때 깨달았다. 지식만 전달하는 것으로는 부족하며 몸이 직접 경험해야 진짜 학습이 일어난다는 것을.

처음에는 내가 잘 보여주면 다들 따라 할 줄 알았다. 이렇게 하는 거예요 하고 정확히 시범을 보이면 당연히 할 수 있을 거라고 생각했다. 그런데 대부분 사람들이 "어렵다.", "못 하겠어요."라고 했다. 그때는 '왜 이렇게 간단한 걸 못하지?'라는 생각이 들었다. 지금 돌아보면 정말 부끄럽다. 문제는 학습자가 아니라 내가 가르치는 방식이었다.

뇌과학에서 말하는 체화 학습 원리를 이해하고 나서야 답을 찾았다. 우리의 뇌는 몸의 움직임을 통해 더 효과적으로 학습한다. "이렇게 하세요."라며, 보여주는 것보다, "이렇게 느껴보세요."라며 직접 체험하게 하는 것이 백배 효과적이다.

국민건강보험공단 운동 강사로 활동하면서 이 원리를 더욱 절실하게 느꼈다. 건강 운동은 지식이 아니라 몸에 새겨져야 하는 습관이기 때문이다. 머리로만 아는 운동법은 의미가 없다. 몸이 기억해야 일상에서도 실천할 수 있다.

단계: 몸 학습법으로 실행력 높이기

현장에서 시행착오를 겪으며 개발한 나만의 학습법이 있다. 바로 느끼기, 익히기, 나누기 3단계 몸 학습법이다.

1단계: 느끼기 *(체감하기)* 새로운 동작을 가르칠 때 "먼저 어떤 느낌인지 한번 체험해 보세요."라고 한다. 라인댄스에서 새로운 스텝을 배울 때도 마찬가지다. 정확한 동작을 요구하기 전에 먼저 음악에 맞춰 자유롭게 몸을 맡겨보라고 한다. 틀려도 상관없다. 중요한 것은 그 움직임이 몸에 어떤 감각을 주는지 느끼는 것이다.

체조 수업에서 어깨 돌리기를 할 때도 "정확히 10번 돌리세요." 대신, "어깨가 시원해질 때까지 돌려보세요."라고 한다. 그럼, 각자의 몸 상태에 맞춰 알아서 조절한다. 이것이 진짜 맞춤형 교육이다.

2단계: 익히기(반복 연습) 감각을 익혔다면 이제 정확한 동작을 연습한다. 하지만 여기서도 반복이 아닌 의미 있는 반복을 한다. 예를 들어 목 돌리기를 할 때 "목의 뭉친 피로를 풀어낸다는 생각으로 돌려보세요."라고 안내한다. 그럼 같은 동작도 더 집중하게 되고, 효과도 배가된다.

스트레칭 할 때도 마찬가지다. '근육을 늘린다.'가 아니라 "하루 종일 수고한 근육에게 감사하는 마음으로 늘려보세요."라고 한다. 그럼 같은 스트레칭도 더 부드럽고 효과적으로 할 수 있다.

3단계: 나누기(전달하기) 마지막으로 배운 것을 다른 사람과 나누게 한다. 체조 수업에서는 새로 배운 동작을 2인 1조로 서로 가르쳐주게 한다. "집에 가서 가족들과 함께 해보세요."라고 숙제를 낸다. 가르치는 순간 학습은 완성된다. 그리고 진짜 자신의 것이 된다.

이 3단계 방법은 노인, 생활, 유소년 스포츠지도사로 활동하면서 모든 연령대에 적용해 봤다. 놀랍게도 7세부터 90세까지 모두에게 효과가 있었다. 연령이 달라도 학습의 기본 원리는 같기 때문이다.

습관이 되는 작은 실천 전략

한 번에 너무 많은 것을 가르치려 하면 오히려 아무것도 남지 않는다. 특히 시니어 학습자들은 더욱 그렇다. 그래서 나는 작은 실천 방식을 활용한다. 하나의 동작을 완벽하게 체득할 때까지 반복하고, 그다음 동작으로 넘어간다.

건강 운동에서 손목 돌리기를 가르칠 때를 예로 들어보자. 첫 주에는 시계방향으로만 돌리는 연습을 한다. "시계 바늘처럼 돌려보세요."라고 이름을 붙여서 재미있게 한다. 두 번째 주에는 반시계 방향까지, 세 번째 주에는 양손 동시에 하는 것까지 점진적으로 확장한다. 이렇게 하면 학습자들이 부담감 없이 따라올 수 있고 성취감도 지속적으로 느낄 수 있다.

라인댄스에서도 마찬가지다. 복잡한 스텝을 한 번에 가르치지 않는다. 기본 스텝 하나씩 완전히 익힐 때까지 반복한다. 걷기, 차기, 돌기 이 세 가지만 완벽하면 어떤 곡이든 출 수 있다고 말해준다. 실제로도 그렇다.

실패를 성공으로 바꾸는 긍정 교정법

강의 중 학습자가 동작을 제대로 따라 하지 못할 때가 있다. 이때 "틀렸습니다."라고 지적하면 위축되기 쉽다. 대신 나는 이렇게 말한다. "좋습니다. 이제 여기를 조금만 바꿔보세요." 그리고 올바른 동작과 현재 동작의 차이를 몸으로 직접 보여준다.

라인댄스 수업에서 스텝이 꼬인 학습자에게는 "리듬감은 훌륭하세요. 이제 발의 방향만 조금 바꿔 보시죠."라고 격려한다. 이런 긍정적인 교정법은 학습자의 자신감을 높이고, 다시 도전할 의욕을 불어넣는다.

체조 수업에서 동작이 어색한 학습자에게는 "몸이 기억하고 있는 자연스러운 움직임이 있어요. 그것을 찾아보세요."라고 안내한다. 그럼 긴장이 풀리면서 보다 자연스러운 동작이 나온다.

노인 스포츠지도사 교육에서 배운 중요한 원칙이 있다. 학습자의 실패는 강사의 설명 부족에서 비롯될 수 있다는 것이다. 학습자가 따라 하지 못하면 내 설명 방식을 점검하고, 그 사람에게 맞는 다른 방법을 찾아 제시한다. 이것이 진정한 강사의 역할이다.

몸의 언어로 소통하는 비언어적 지도법

때로는 말로 설명하는 것보다 몸으로 보여주는 것이 더 효과적이다. 특히 복잡한 동작일수록 그렇다. 나는 몸의 언어를 적극 활용한다.

스트레칭 자세를 가르칠 때는 말보다 시연이 중요하다. 하지만 보여주기만 하는 것이 아니라, 학습자와 시선을 맞추고 표정으로 소통한다. "이 정도면 충분해요."라는 미소, "조금 더 해 보셔도 될 것 같아요."라는 격려의 눈빛. 이런 비언어적 소통이 때로는 백 마디 말보다 효과적이다.

특히 유소년 대상 수업에서는 몸의 언어가 필수다. 아이들은 말보다 동작에 더 민감하게 반응한다. 재미있는 표정, 과장된 동작, 리드미컬한 박수 등으로 분위기를 이끌어간다.

시니어에게는 안정감을 주는 몸짓이 중요하다. 천천히, 부드럽게, 따뜻하게 급하지 않다는 것을 몸 전체로 표현한다. 그럼, 그분들도 마음의 여유를 가지고 따라오신다.

파트 3.
성장을 지속시키는 DNA:
혼자서도 계속 움직이게 만들다

강의실을 벗어나도 이어지는 배움의 고리

강의가 끝나고 나면 늘 아쉽다. 그 시간 동안 함께 나눈 에너지와 배움이 한순간에 사라져 버릴까 봐서다. 처음 몇 년간은 "복습하세요, 꾸준히 연습하세요."라는 당부만 전했다. 하지만, 대부분 학습자들이 며칠이 지나면 배운 내용을 잊어버린다는 것을 깨달았다. 그때부터 고민하기 시작됐다. 어떻게 해야 강의실 밖에서도 배움이 이어지고, 성장의 고리가 끊기지 않을 수 있을까?

답은 스스로 동기 안에 있었다. 억지로 시키는 것이 아니라, 스스로 하고 싶게 만드는 것. 그리고 혼자가 아닌 함께할 수 있는 환경을 만들어 주는 것이었다. 나는 수년간의 경험에서 이러한 배움의 고리를 이어가기 위한 다양한 방법들을 고민해 왔다.

국민건강보험공단 운동 강사로 활동하면서 이 점을 더욱 절실하게 느꼈다. 건강 운동은 단발성 운동으로는 의미가 없다. 생활 습관으로 자리 잡을 때 진짜 효과가 나타난다. 그래서 나는 평생 건강 파트너가 되고자 노력한다.

집 안 소통 운동으로 가족을 끌어들이기

체조 수업 참가자들에게 "집에서도 해보세요."라고 하면 대부분 "혼자 하면 재미없어요."라고 한다. 맞는 말이다. 움직임은 본래 사회적 활동이다. 함께 할 때 더 즐겁고, 더 오래 지속된다. 그래서 나는 집 안 소통 운동 개념을 도입했다.

참가자들에게 "배운 동작을 가족과 함께 해보세요. 그리고 다음 시간에 어떤 반응이었는지 들려주세요."라고 숙제를 낸다. 연습이 아니라 소통의 도구로 활용해 보라는 의미다. 신기하게도 이런 방식으로 안내하면 실천율이 훨씬 높아진다.

할머니가 손자와 함께 운동했다는 이야기, 아주머니가 남편과 함께 스트레칭을 했다는 이야기를 들을 때면 마음이 따뜻해진다.

특히 시니어 참가자들에게는 3대가 함께하는 운동을 적극 권한다. 할

아버지, 아버지, 손자가 함께 몸을 움직이는 시간은 세대 간의 소통을 깊게 하고, 가족 전체가 건강한 운동 습관을 함께 만들어 가는 소중한 계기가 된다. 이는 전 세대를 아우르는 운동 프로그램을 설계하고자 하는 나의 교육 철학이기도 하다.

21일 몸 기억 프로젝트

행동과학에 따르면 21일간 반복하면 습관이 된다고 한다. 이 원리를 적용해 매일 5분씩 배운 동작을 반복하는 21일 몸 기억 프로젝트를 진행한다. 예전엔 체크표와 스티커로 실천을 유도했지만, 실제로는 잘 맞지 않았다. 그래서 요즘은 형식보다 경험 나눔으로 방향을 바꿨다.

"지난주에 해보신 분 계세요?"라고 물으면 손자와 함께 했다는 이야기, 남편이 먼저 하자고 했다는 이야기들이 자연스럽게 이어진다. 이런 경험 나눔이 오히려 실천 동기를 끌어올리고, 칭찬이 배움의 고리를 이어 준다.

작은 성취를 쌓아가는 동기부여법

사람들이 운동을 포기하는 가장 큰 이유는 변화가 눈에 보이지 않아서다. 그래서 나는 매 수업마다 오늘의 성취 한 가지를 찾게 한다. 오늘은 무릎 안 아프고 앉았다 일어났다, 오늘은 팔이 어제보다 더 높이 올라갔다, 오늘은 리듬을 놓치지 않았다 같은 것들이다. 아주 사소해 보이지만 이런 것들이 쌓이면 큰 변화가 된다.

이렇게 만들어진 작은 변화들이 모여 큰 물결이 된다. 한 사람의 변화가 가족에게 전해지고, 가족의 변화가 이웃에게 퍼진다.

이것이 바로 내가 꿈꾸는 공감의 물결이다. 움직임이 운동으로 끝나는 게 아니라, 사람과 사람을 연결하고 삶을 변화시키고 더 나은 세상을 만드는 힘이 되는 것이다.

강의실을 벗어나도 계속 움직이게 만드는 것, 그것이 바로 진짜 강사의 역할이라고 믿는다.

일회성 수업이 아니라 평생 습관으로 혼자가 아닌 함께, 작은 성취를 쌓아가며 성장하는 것.

이것이 내가 수년간 강단에서 배우고, 실천하고, 증명해 온 지속 가능한 성장의 DNA다. 그리고 이 DNA가 더 많은 사람에게 전해지기를 더 큰 물결이 되어 우리 사회를 건강하고 행복하게 만들기를 소망한다.

생활 밀착형 실천법 개발하기

강의실에서 배운 것을 일상에서 실천하려면 생활 밀착형이어야 한다. 특별한 시간을 따로 내야 하는 운동은 지속하기 어렵다. 그래서 나는 일상 동작에 운동을 녹여내는 방법을 가르친다.

아침에 일어나서 양치할 때 종아리 들어올리기, TV 보면서 목과 어깨 돌리기, 계단 오를 때 의식적으로 허벅지에 힘주기. 이런 식으로 특별한 시간을 내지 않고도 할 수 있는 운동을 소개한다.

특히 시니어에게는 집안일 운동법이 인기다. 빨래 널 때 어깨 운동하기, 청소할 때 허리 스트레칭하기, 요리할 때 발목 돌리기. 이렇게 하면 운동이라는 부담감 없이 자연스럽게 몸을 움직일 수 있다. 젊은 층은 출퇴근 운동법을 알려준다. 지하철에서 서 있을 때 코어 운동하기, 엘리베이터 대신 계단 이용하기, 점심시간 산책하기. 바쁜 일상 중에도 틈틈이 할 수 있는 방법이다.

움직임으로 세상을 바꾸는 첫걸음

수년간의 여정에서 얻은 깨달음

강의실에 처음 섰던 오래전을 떠올려 본다. 그때는 정확한 동작을 가르치는 것이 전부라고 생각했다. 하지만 세월이 흐르며 깨달았다. 진짜 중요한 것은 움직임 그 자체가 아니라, 움직임을 통해 사람들이 서로 연결되고 소통하며 성장하는 것이라는 사실을 말이다.

국민건강보험공단 강사로 활동하면서 수많은 사람을 만났다. 건강을 되찾고 싶은 사람들, 새로운 도전을 시작하고 싶은 사람들, 외로움을 달래고 싶은 사람들. 그들이 운동을 통해 몸만 건강해지는 것이 아니라, 마음도 밝아지고 관계도 풍성해지는 모습을 보았다.

"우울증이 많이 나아졌다.", "남편과 대화가 늘었다."라고 기뻐할 때, "무릎 아픈 게 많이 좋아졌다."라고 감사 인사를 전할 때. 그럴 때마다 나는 확신한다. 움직임은 신체 활동이 아니라 삶을 바꾸는 강력한 도구라는 것을 느낀다.

라인댄스에서 자신감을 찾아가는 사람들, 체조 수업에서 건강을 되찾아 가는 사람들, 건강 운동에서 활력을 얻어가는 사람들. 이 모든 분과 함께한 수년이 나에게는 최고의 선생님이었다. 그들에게서 배운 것이 이론서에서 배운 것보다 훨씬 많았다.

스포츠지도사 자격을 갖춘 것도 이들과 더 깊이 소통하고 싶었기 때문이다. 전 세대를 아우르는 언어를 배우고 싶었고, 더 많은 사람에게 움직임의 기쁨을 전하고 싶었다.

지금 당장 시작할 수 있는 공감 움직임 실천법

이 글을 읽는 동료 강사들에게 제안하고 싶다. 내일 강의부터 당장 해볼 수 있는 세 가지 실천법이다.

첫째, 5분의 마법을 만들어라. 강의 시작 5분 동안 학습자들과 함께 몸을 움직여 보자. 간단한 목 돌리기나 어깨 으쓱 하기라도 좋다. 중요한 것은 함께 움직이며 호흡을 맞추는 것이다. 그 순간 교실 분위기가 완전히 달라질 것이다. 이론부터 설명해야지 하는 생각은 잠시 접어두자. 몸이 먼저 열려야 마음도 열린다.

둘째, 느끼기, 익히기, 나누기 3단계를 활용하라. 새로운 내용을 가르칠 때 이론 설명부터 시작하지 말자. 먼저 체험하게 하고, 그다음에 원리를 설명하자. 그리고 마지막에는 다른 사람과 나누게 하자. 학습 효과가 확실히 달라진다. 머리가 아니라 몸으로 기억하게 하는 것이 핵심이다.

셋째, 지속가능한 실천 과제를 만들어라. 강의가 끝난 후에도 이어질 수 있는 간단한 과제를 내주자. "매일 3분씩 해 보세요." 브다는 "가족과 함께 해보고 다음 시간에 후기를 들려주세요."가 효과적이다. 혼자가 아닌 함께하는 과제, 의무가 아닌 재미있는 과제를 만드는 것이 비결이다.

움직임으로 만드는 공감의 물결, 그 시작점에서

나는 지금도 매주 다양한 교실에서 여러 연령대의 사람들과 만난다. 7세부터 90세까지, 때로는 3대가 함께 참여하는 모습도 본다. 그들이 함께 움직이며 웃고, 서로를 격려하고, 새로운 것을 배워가는 모습을 볼 때마다 느낀다. 움직임은 나이와 세대를 뛰어넘는 가장 자연스러운 소통 언어라는 것을 체험한다.

강사로서 나의 꿈은 분명하다. 내가 만나는 모든 이들이 움직임을 통해 더 건강해지고, 더 행복해지며, 서로의 삶이 따뜻하게 이어지는 것이다. 그리고 그 변화의 에너지가 또 다른 사람들에게 전해져, 삶의 곳곳에 건강과 기쁨의 파동이 번져나가는 것. 그것이 내가 이 길을 걸어가는 이유이자, 강사로서의 가장 큰 꿈이다.

이것이 바로 공감의 물결이다. 한 사람에게서 시작된 작은 움직임이 가족으로, 지역사회로, 더 넓은 사회로 퍼져나가는 것 그 물결의 시작점에 우리 강사들이 있다.

자, 이제 당신의 차례다. 다음 강의실에서 첫 5분, 학습자들과 함께 몸을 움직여보자. 그 작은 움직임이 어떤 변화를 만들어 내는지 직접 경험해 보자. 분명 놀라운 일들이 일어날 것이다.

수년간 쌓아온 나의 경험이 하나의 작은 씨앗이 되어, 더 많은 강사가 움직임으로 세상과 소통할 수 있기를 바란다. 우리 모두가 움직임의 전도사가 되어 세상에 건강과 행복, 그리고 따뜻한 소통을 퍼뜨려 나가자.

움직임은 시작이다. 그 움직임이 만들어 내는 공감의 물결은 우리가 상상하는 것보다 훨씬 크고 아름다울 것이다.

★ 책을 덮는 순간, 또 다른 이야기가 손짓합니다.
QR코드를 따라 펼쳐지는 곳에는, 책 속에 담지 못한
현장의 숨결과 따스한 공감이 이어집니다.

탁틸케어로 두 손으로 기적을 이루다!

최 효 례

교육학과(상담전공) 석사
한국인지교육협회 / 한국인지컴퍼니 대표
한국인지교육 평생교육원 대표
경기도 지역사회서비스지원단 제공기관
경기도 평생교육진흥원 이용기관

파트 1.
마음을 여는 DNA:
첫 5분이 강의의 운명을 결정한다

탁틸케어: 침묵을 깨는 첫 질문

우리는 모두 타인의 따뜻한 손길이 필요하다. 하지만 현대 사회는 '접촉 기근'의 시대를 살고 있다. 스마트폰은 늘 손에 쥐고 있지만, 정작 사람의 손을 잡는 일은 현저히 줄어들고 있다. 특히 코로나19 이후 거리 두기가 일상이 되면서, 우리는 더욱 고립되고 단절감을 느끼게 되었다. 하루 종일 누구 한 명 제대로 접촉하지 않고 지나가는 날들이 많아졌고, 이는 외로움과 불안감을 증폭시키는 원인이 된다.

이러한 시대에 나는 늘 같은 질문으로 강의를 시작한다.

마지막으로 누군가에게 따뜻한 손길을 받은 게 언제였나요? 어떤 이는 어린 시절의 기억을 더듬고, 어떤 이는 최근 가족과의 포옹을 떠올린다.

그리고 누군가는 정말 오랫동안 그런 경험이 없었음을 깨닫고 놀라워하기도 한다. 이 짧은 침묵 속에서 학습자들은 이미 자신의 삶을 들여다보기 시작한다.

사람들은 본능적으로 자기 이야기를 하고 싶어 한다. 그리고 그 이야기가 타인에게 인정받을 때 비로소 마음의 문을 연다. 탁틸케어 강의의 시작은 화려한 PPT나 복잡한 통계 자료가 아니다. 바로 학습자 자신의 경험과 감정을 건드리고, 그 따뜻한 연결의 필요성을 느끼는 데 있다. 나의 25년 전 초보 강사 시절에는 미처 알지 못했던 이 단순한 진리를, 이제는 몸으로 체득하고 있다.

탁틸케어는 새로운 신체 접촉이 아니다. 그것은 '관계'이다. 당신의 손이 누군가의 삶에 작은 변화를 느끼고, 그 변화가 다시 세상으로 퍼져나가며 더 큰 변화의 물결을 만들어내는 연결의 시작이다. 이 책을 통해 우리는 탁틸케어라는 특별한 손길이 어떻게 개인의 삶과 관계를 변화시키고, 나아가 더 따뜻한 세상을 만들 수 있는지 탐색할 것이다. 당신은 이미 이 여정의 첫걸음을 내디뎠다. 이제 당신의 손이 지닌 놀라운 치유의 힘을 발견할 시간이다. 이 책이 당신의 손이 이 세상에 건넬 수 있는 가장 따뜻한 이야기가 되기를 바란다.

스웨덴에서 시작된 손끝의 기적

탁틸케어의 이야기는 1960년대 스웨덴의 한 미숙아 병동에서 시작되었다. 당시 의료진들은 최첨단 의료 장비를 갖춘 인큐베이터 안의 미숙아들이 의학적으로는 문제가 없는데도 불구하고 성장이 더디고 불안정하며 울음이 잦은 현상을 목격했었다. 이때 실비아 우베스키욕이라는 간호사는 아기들에게 부족한 것이 첨단 기계가 줄 수 없는 것, 바로 '인간의 따뜻한 접촉'이라는 사실을 깨닫게 되었다.

그녀는 아기들을 관찰하고 연구했다. 어떤 속도로 만질 때 아기들이 안정감을 느끼는지, 어느 정도의 압력이 적절한지, 어떤 부위를 먼저 만져야 아기가 편안해하는지 등 10년 넘게 임상 현장에서 시행착오를 거치며 탁틸케어의 기반을 다졌다. 1980년대 초, 그녀의 관찰과 노력이 하나의 체계적인 접촉법으로 완성되었고, 이것이 바로 '탁틸케어'의 시초인 것이다.

'탁틸(Tactil)'이라는 단어는 라틴어 'tactilis'에서 유래했으며, '만질 수 있는'이라는 뜻이다. 그러나 탁틸케어에서 이 단어가 담고 있는 의미는 훨씬 깊다. 그것은 치유와 소통, 그리고 존재의 확인을 의미한다. 탁틸케어는 마사지나 경락과 지압과는 다르다. 탁틸케어는 깊은 '관계'의 언어다.

1990년대 신경과학의 발전은 탁틸케어의 효과를 과학적으로 증명하기 시작했다. 우리 피부에는 'C-촉각 섬유'라는 특수한 신경이 존재한다. 이 신경은 초속 1~10센티미터의 부드럽고 느린 접촉에 반응하며, 곧바로 뇌의 감정 중추로 신호를 보낸다. 일반적인 촉각이 '뭔가 닿았네'라고 인지하는 수준이라면, C-촉각 섬유는 '나는 안전하구나'라는 깊은 안정감을 느낀다. 이 과정에서 행복 호르몬이라 불리는 옥시토신이 분비되어 스트레스가 감소하고 자율신경계가 안정화된다.

스웨덴 정부는 이러한 연구 결과에 주목하여 1990년대 중반부터 탁틸케어를 전국의 병원과 요양시설에 도입하기 시작했다. 현재는 유럽 전역에서 도입하고 있으며, 한국에도 2010년대부터 조금씩 도입은 했으나 이제부터 시작이다. 탁틸케어는 단순히 손을 잡아주는 것을 넘어서 깊은 공감의 신호를 전달하며, 개인의 삶과 관계에 긍정적인 마음의 변화를 느끼며, 과학적이고 예술적인 치유법이다. 이제 우리도 이 손끝의 기적을 삶 속으로 가져올 때다.

파트 2.

지식을 행동으로 바꾸는 DNA: 탁틸케어의 기본 원칙

탁틸케어의 본질과 효과를 이해했다면, 이제 그 지식을 구체적인 행동으로 옮길 차례다. 머리로 아는 것과 몸으로 행할 수 있는 것 사이를 메우는 것이 중요하다. 저는 25년 강사 생활을 통해 사람들은 듣는 것의 10%, 보는 것의 30%, 하지만 직접 해본 것의 80%를 기억하고 있다는 진리를 깨달았다. 따라서 탁틸케어는 최소한의 이론과 최대한의 실습으로 익혀야 한다.

탁틸케어의 기본은 세 가지 원칙으로 요약된다. 바로 천천히, 부드럽게, 일정하게 이다. 단순해 보이지만, 이 세 가지 원칙을 온전히 체득하는 데는 섬세한 연습이 필요하다.

첫째, 천천히. 초속 3~5센티미터 정도의 속도를 유지하야 한다. 이는 C-촉각 섬유가 활성화되는 최적의 속도이며, 받는 이에게 깊은 안정감을 준다. 너무 빠르면 불안감을 주거나 피부 자극으로만 느껴질 수 있고, 너무 느리면 접촉의 느낌이 명확하게 전달되지 않을 수 있다. 마치 새의 깃털이 부드럽게 스치는 듯한 속도로 실행한다.

둘째, 부드럽게. 접촉하는 압력은 약 50~100그램 정도가 적당하다. 깃털처럼 가볍지만, 피부에 확실하게 닿는 느낌을 주는 것이 좋다. 너무 세면 압박감으로 느껴지고, 너무 약하면 제대로 된 접촉으로 인지하기 어렵다. 이 압력은 상대방의 반응을 섬세하게 살피며 조절하는 것이 중요하다.

셋째, 일정하게. 접촉의 속도와 압력이 중간에 끊기거나 불규칙해지지 않도록 처음부터 끝까지 일관성을 유지해야 한다. 손길의 리듬이 안정적일 때 받는 이는 비로소 몸과 마음의 긴장을 온전히 내려놓을 수 있다. 주는 사람의 긴장감이 손길에 묻어나면 받는 이도 긴장하기 마련이다. 호흡을 일정하게 유지하면 손의 움직임도 자연스럽게 일정해지므로, 깊고 편안한 호흡에 손길을 맡기는 연습을 해본다.

탁틸케어 실습은 일반적으로 거부감이 적고 접근하기 쉬운 손에서부터 시작하는 것이 좋다. 상대방의 손을 두 손으로 감싸듯 부드럽게 잡고, 엄지손가락으로 손등을 천천히 쓰다듬으며 손가락 하나하나를 따라 움직여 본다. 팔 부위는 손목에서 팔꿈치, 어깨로 이어지며 혈액순환을 돕고 이완감을 준다. 등 부위는 탁틸케어 효과가 가장 좋지만, 옷 위로 할 때는 압력을 조금 더 주어 손바닥 전체로 척추를 따라 부드럽게 움직이는 것이 좋다. 이처럼 기본 원칙을 지키며 부위별로 자신의 손끝 감각을 예민하게 만들고, 상대방과 따뜻한 마음의 소통으로 연결을 경험해 본다.

실전 탁틸케어: 상황별 접근과 섬세한 손길

탁틸케어의 기본 원칙을 익혔다해도, 현장은 강의실처럼 모든 것이 완벽하지 않다. 다양한 변수와 예기치 못한 상황 속에서 유연하게 대처하는 '실전 감각'이 중요하다. 현장에서 마주칠 수 있는 실제 문제들에 대한 탁틸케어 적용법과 더불어, 각 대상에 맞는 섬세한 손길을 익힌다.

첫째, 거부하는 대상자를 만났을 때다. 요양원 어르신이나 아이들이 손길을 거부하는 상황은 흔하다. 이때는 억지로 하지 말고, 잠시 물러났다가 다시 시도하는 것이 좋다. 처음부터 민감한 손이나 발을 시도하기보다는 어깨나 등처럼 비교적 덜 침습적인 부위부터 시작해 보는 것이다. 옆에 조용히 앉아 아무 말 없이 어깨에 손을 살짝 올려놓고 몇 분간 함께 있어 주는 것도 상대방은 신뢰감을 느낀다. 급하게 서두르지 않는다. 진정한 신뢰는 시간이 필요한 법이다.

둘째, 시간이 부족할 때다. "15분은커녕 5분도 안 되는 상황에서는 어떻게 할까요?"라는 질문을 자주 받는다. 30분 동안 대충 하는 것보다 5분이라도 집중해서 하는 것이 훨씬 효과적이다. 특히 손 탁틸케어는 5분이라는 짧은 시간만으로도 충분히 깊은 안정감과 온기를 전달할 수 있다. 3분은 한 손에, 2분은 다른 한 손에 집중하는 방식으로 시도해 볼 수 있다. 중요한 것은 시간보다는 서로의 접촉의 '질'이다.

셋째, 환경이 열악할 때다. 병원 복도, 휠체어 위, 침대 난간 사이 등 현장은 교육장처럼 완벽한 환경이 아닐 때가 많다. 하지만 탁틸케어는 장소나 자세에 구애받지 않는다. 서서 해도 되고, 앉아서 해도 되며, 심지어 본인이 누운 채로도 가능하다. 중요한 것은 접촉을 통해 전달되는 진심 어린 마음과 그 질이다.

넷째, 특수한 대상자를 위한 섬세한 손길이 필요하다.

아기와 어린이: 아기에게는 성인보다 훨씬 가벼운 압력이 필요하다. 손바닥 전체보다는 두세 손가락을 사용하고, 새의 깃털처럼 가볍게 터치한다. 반드시 보호자 동의를 구하고, 아기가 불편해하는 신호를 보내면 즉시 중단해야 한다. 아기는 말을 못하지만, 표정과 몸짓으로 모든 것을 이야기한다.

- **치매 어르신**: 말로 소통이 어려운 치매 어르신들에게 접촉은 기억의 가장 깊은 곳에 남아있는 소중한 언어다. 어르신이 손을 뿌리치더라도 절대 화내거나 포기하지 않는다. 잠시 물러났다가 다음 날 다시 시도하는 인내가 필요하다. 시간이 걸리더라도 꾸준한 손길은 어르신의 마음에 평안을 선물할 것이다.
- **만성 통증 환자**: 통증 부위를 직접 자극하기보다 통증이 없는 팔, 손, 다리부터 시작하여 천천히 진행한다. 속도를 평소보다 더 천천히, 압력은 더 부드럽게 조절하여 근육이 긴장하지 않도록 세심하게 배려해야 한다. 환자에게 계속해서 "지금 어떠신가요?"라고 물어가며 가장 편안한 상태를 찾아주는 것이 중요하다.

탁틸케어는 상대방의 작은 신호에 귀 기울이고, 유연하게 반응하는 섬세한 손길을 익힐 때 당신은 진정한 치유자로 거듭날 것이다.

스스로를 돌보는 지혜: 탁틸케어와 나 자신

탁틸케어는 타인을 위한 행위처럼 보이지만, 사실은 나 자신을 돌보는 지혜와 깊이 연결되어 있으며, 타인에게 탁틸케어를 건네는 과정에서 우리는 때때로 예상치 못한 어려움과 마주치게 된다. 너무 서툴러서 상대방이 불편할까 염려하거나, 제대로 효과가 나타나지 않아 실망할 수도 있다. 이 모든 것은 자연스러운 배움의 과정이다.

첫째, 실수는 배움의 과정임을 기억하라. 실전 연습을 할 때 보면 너무 빨리하거나, 압력이 일정하지 않거나, 중간에 손을 떼는 등의 실수를 할 수 있다. 이때마다 학습자들에게 "괜찮아요. 처음부터 완벽한 사람은 없어요. 중요한 것은 상대방의 반응을 보고 끊임없이 조절하는 것이다"라고 말한다. 한 학습자가 "제가 너무 서툴러서 상대방이 불편할 것 같아요"라고 걱정할 때, 상대방에게 직접 물어보라고 조언한다. 받는 분께 물어본다. "어떠신가요? 불편하지는 않으셨나요?" 그러면 보통 "아니요, 전혀요. 오히려 조심스럽게 해주셔서 좋았어요"라는 답이 돌아오곤 한다. 완벽하지 않아도 괜찮다. 진심이 있다면 상대방은 당신의 마음을 느낄 것이다.

둘째, 감각을 깨우는 훈련을 통해 스스로 촉각을 민감하게 만든다. 탁틸케어를 잘하려면 당신의 손끝이 얼마나 민감한지에 따라 전달되는 치유의 깊이가 달라진다. 집에 가서 눈을 감고 여러 질감의 물건들(나무, 천, 유리, 금속 등)을 만져본다. 각각의 질감, 온도, 무게를 섬세하게 느껴보는 훈련을 통해 손끝의 감각이 더욱 예민해짐을 알게 된다. 또한, 자기 신체 부위(손등, 손바닥, 팔, 목, 얼굴)를 탐색하며 각 부위의 촉각 민감도를 느껴보는 것도 좋다. 이러한 훈련은 타인에게 탁틸케어를 할 때 어느 부위가 더 민감하고 어떤 압력이 적절한지 직관적으로 알아차리는 데 큰 도움이 된다.

셋째, 피드백의 힘을 통해 서로에게서 배우고 성장한다. 실습이 어느 정도 익숙해지면 동료 학습자들끼리 솔직한 피드백을 주고받는 시간을 가진다. 받는 사람은 느낀 점을 솔직하게 이야기하고, 주는 사람은 방어적인 태도 없이 경청해야 한다. "손이 너무 차갑게 느꼈으나 탁틸케어를 하다 보니 따뜻해졌어요", "중간에 리듬이 끊겨 아쉬웠어요", "목 부분이 정말 시원했어요"와 같은 구체적인 피드백을 통해 탁틸케어 기술은 물론, 서로에 대한 신뢰와 공감 능력이 함께 성장한다.

마지막으로 자기 탁틸케어는 스스로 돌보는 가장 강력한 방법이다. 탁틸케어는 반드시 두 사람이 필요한 것이 아니다. 불안하거나 스트레스를 받을 때, 스스로에게 탁틸케어를 해보라. 한 손을 가슴 중앙에 올려 천천히 원을 그리며 쓰다듬거나, 한 손으로 다른 손과 팔을 부드럽게 쓰다듬는 것이다. 발표 전, 면접 전, 중요한 회의 전, 잠들기 전 등 언제 어디서든 할 수 있다. 여러분 자신이 여러분의 가장 좋은 친구이자 치유자가 될 수 있다. 남에게만 탁틸케어를 해주고 자신은 방치하면 번 아웃에 빠지기 쉽다. 비행기에서 산소마스크를 먼저 자신에게 쓰라는 말처럼, 나 자신이 건강해야 타인을 진정으로 돌볼 수 있다. 일주일에 한 번은 자신만을 위한 시간을 가지고, 자기 탁틸케어로 에너지를 충전하며 지속적인 치유의 여정을 이어 나간다.

파트 3.

성장을 지속시키는 DNA: 배움을 습관으로, 습관을 삶으로 강의실을 나선 후가 진짜 탁틸러가 되는 것이다.

강의실을 나선 후에도 탁틸케어를 삶의 일부로 만드는 것이 중요하다. 모든 학습자가 열정적이지만, 실제로 습관화하는 사람은 많지 않다. 이는 일상의 강력한 루틴과 바쁜 일정 때문이다. 그러나 의지력만으로는 어렵다. 지속 가능한 실천을 위한 '시스템'이 필요하다.

첫째, 첫 주가 가장 중요하다. 새로운 습관을 만들려면 첫 주의 노력이 결정적이다. 이 기간을 넘기면 습관 형성에 성공할 확률이 3배 높아진다. 오늘부터 일주일간 매일 5분씩 탁틸케어를 실천한다. 학습자들에게 '첫 주 실천 계획서'를 작성하게 한다. 언제, 누구에게, 어디서 탁틸케어를 할 것인지 구체적으로 적고, 이를 냉장고나 화장실의 거울처럼 늘 보이는 곳에 붙여두는 것을 권장한다.

둘째, 매일 일상의 삶 속에서 탁틸케어를 끼워 넣는다. 기존의 일상을 깨뜨리기보다, 이미 하고 있는 일과 탁틸케어를 결합하면 습관 만들기가 훨씬 수월해진다. 저녁 식사 후 설거지하기 전 5분, 아침에 일어나 세수하기 전 5분, 잠들기 전 불 끄고 5분. 이처럼 구체적인 타이밍을 정해두면 실천율이 높아진다. 부모님과 통화하면서 자기 손을 쓰다듬는 자기 탁틸케어를 30분간 실천하는 것이 좋은 예다. 특별한 시간을 따로 내기보다, 하던 일에 자연스럽게 녹여내는 것이 핵심이다.

셋째, 기록의 힘을 통해 작은 변화를 발견하고 동기를 유지한다. 사람의 기억은 불완전하므로 기록이 필수적이다. 탁틸케어 일지를 쓴다. 날짜, 시간, 누구에게, 얼마나, 반응이 어떠했는지. 단 한 줄이면 충분하다. 일기처럼 거창할 필요는 없다. 예를 들어 10월 8일 저녁 8시, 엄마 손 10분, 평안하심, 이렇게 간략하게 기록한다. 일주일 후 이 기록을 되돌아보면 '내가 이만큼 해냈구나' 하는 뿌듯함이 밀려올 것이다. 이 뿌듯함이 다음 실천을 이끄는 강력한 동기가 된다.

넷째, 변화를 감지하는 눈을 기른다. 탁틸케어의 효과는 극적이기보다 서서히, 조용히 찾아오기 때문에 자칫 놓치기 쉽다. 따라서 의식적으로 대상자의 작은 변화를 관찰해야 한다. 표정이 부드러워졌는지, 잠을 더 잘자는지, 식사량이 늘었는지, 혹은 공격적인 행동이 줄었는지 등 미세한 신호들을 놓치지 않는다. 그런 작은 신호들이 바로 효과가 나타나는 증거이며, 당신의 실천을 지속하게 하는 강력한 동기가 된다. 작은 변화를 감지하고, 그 성공을 축하하며 선순환의 고리를 만들어간다. 당신의 꾸준함이 만들어낼 놀라운 변화에 박수를 보낸다.

함께라서 가능한 힘: 확장과 공동체의 역할

탁틸케어의 여정은 혼자서만 걷는 길이 아니다. 함께라면 훨씬 더 쉽고 즐겁게 지속할 수 있다. 개인의 성장을 넘어 주변으로 확장되는 탁틸케어의 힘과 공동체의 역할을 살펴보겠다.

첫째, 공동체의 힘을 활용한다. 혼자 습관을 만드는 것은 힘들지만, 함께하면 훨씬 쉽다. 강의실에서 만난 동료들과 연락처를 교환하고, 단체 채팅방을 만들어 매일 탁틸케어 실천 사진을 올리며 서로를 독려한다.

둘째, 탁틸케어를 가르치며 배움을 완성한다. 탁틸케어를 가장 완벽하게 자신의 것으로 만드는 방법은 바로 다른 사람에게 가르치는 것이다. 3개월 후, 여러분이 배운 것을 누군가에게 가르쳐보라. 가족, 친구, 동료에게 단 10분이면 된다. 가르치는 과정에서 자신이 얼마나 깊이 이해하고 있는지를 명확히 깨닫게 된다.

셋째, 탁틸케어를 일상에서 확장하고 심화한다. 어떤 학습자들은 자신이 소속된 기관에 탁틸케어를 정식 프로그램으로 도입하기도 한다. 개인의 습관이 조직의 문화가 되는 감동적인 순간이다. 더 전문적인 과정을 듣거나, 관련 논문을 탐독하거나, 도전하는 마음으로 탁틸케어의 본고장인 스웨덴을 방문하여 원조 탁틸케어 센터에서 심화 교육을 받는 것도 좋은 경험이 될 것이다. 배움에는 끝이 없다. 오늘은 시작일 뿐이며, 탁틸케어는 당신의 삶을 통해 무한히 확장되고 성장할 것이다.

넷째, 번 아웃을 예방하며 자기돌봄을 잊지 마십시오. 돌봄 노동을 하는 사람들에게 번 아웃은 심각한 문제다. 타인을 돌보는 과정에서 자신을 고갈시키지 않도록 주의해야 한다. 탁틸케어를 하는 사람 또한 예외가 아니다. 자기돌봄을 잊지 마라. 남에게만 탁틸케어를 하고 자신은 방치하면 오래도록 계속할 수가 없다. 일주일에 한 번은 자신만을 위한 시간을 할애해야 한다. 긴 목욕, 산책, 명상, 혹은 자기 탁틸케어를 통해 재충전의 시간을 가지는 것이 필수적이다. '내가 살아야 남을 살릴 수 있지'라는 지혜를 기억한다.

이처럼 탁틸케어는 개인적인 실천을 넘어 공동체 속에서 함께 배우고 나누며, 자신을 돌보고 성장시키는 과정입니다. 당신은 혼자가 아닙니다. 함께 이 아름다운 여정을 걸어갈 동료들이 있습니다.

당신의 손이 세상을 바꾼다

당신의 손이 만드는 세상: 탁틸케어의 혁명

이 책을 읽는 과정에서 당신은 탁틸케어의 본질과 효과, 그리고 실천 방법을 익혔다. 이제 이 모든 여정의 정점에서 탁틸케어가 만들어 낼 궁극적인 변화가 당신의 손을 통해서 세상을 바꿀 수 있는 치유의 힘을 가지고 있음을 알게 된다.

탁틸케어는 과학이다. C-촉각 섬유, 옥시토신 분비, 자율신경계 안정화 등 그 효과는 모두 과학적으로 증명되었다. 하지만 탁틸케어는 동시에 예술이다. 상대방의 미세한 호흡을 읽고, 숨겨진 긴장을 감지하며, 가장 적절한 순간에 알맞은 압력을 조절하는 것은 지식만으로는 터득할 수 없는 섬세한 예술이다. 과학이 '왜' 탁틸케어가 효과적인지를 설명한다면, 진심 어린 마음은 '어떻게 그 효과를 완성 시키는지를 보여준다.' 이 둘이 만날 때 비로소 진정한 치유가 일어난다. 기술은 중요하지만, 마음이 더 중요하다. 진심이 있다면, 완벽하지 않아도 상대방은 당신의 마음을 느낄 것이다.

당신의 작은 실천이 세상을 변화시킨다. 오늘 당신이 한 사람의 손을 10분간 따뜻하게 쓰다듬었다면, 그 사람의 하루는 달라질 것이다. 그 사람이 당신의 손길에서 얻은 긍정적인 에너지를 주변에 나누기 시작하면, 그 영향은 파드처럼 퍼져나갈 것이다. 한 번에 세상을 통째로 바꿀 수는 없지만, 한 번에 한 사람씩, 한 번에 10분씩은 충분히 가능하다. 그 작은 실천들이 모여 세상은 조금씩 더 따뜻하고 연결된 공간으로 변화할 것이다.

우리가 살아가는 이 접촉 기근의 시대에 탁틸케어는 우리에게 필요한 해답이다. 안전하고, 체계적이며, 효과가 입증된 탁틸케어를 통해 우리는 잃어버렸던 인간적인 연결을 회복할 수 있다. 당신이 오늘부터 탁틸케어를 실천한다면, 당신은 인간다움을 회복하는 고귀한 움직임에 동참하는 것이다. 손끝에서 시작되는 이 혁명은 가장 강력하고 지속적인 변화는 계속될 것이다.

이제 당신의 차례다. 천천히, 부드럽게, 그리고 일정하게 마음을 담아 손길을 건넨다. 이 책을 읽는 것으로는 충분하지 않다. 읽은 것을 행동으로 옮겨야 한다. 당신의 따뜻한 손이 지닌 놀라운 치유의 힘을 꺼내어 사용할 시간이다.

마지막 제안: 지금 바로 이것부터

이론도 좋고, 계획도 좋다. 하지만 가장 중요한 것은 '시작하는 것'이다. 지금, 이 순간부터 당신의 탁틸케어 여정을 시작한다.

첫째. 심호흡 세 번: 이 글을 읽는 동안, 천천히 심호흡을 세 번 한 후. 마음을 가라앉힌다.

둘째. 자기 손 관찰: 당신의 손을 펼쳐본다. 얼마나 정교하고 아름다운지 느껴본다.

셋째. 자기 탁틸케어 3분: 왼손으로 오른손을 천천히 쓰다듬는다. 손가락 하나하나, 손등, 손목까지 깃털처럼 부드럽게.

넷째. 느낌 포착: 3분 후 멈추고 당신이 느낀 것을 포착한다. 손이 따뜻해졌는가? 마음이 평온해졌는가?

다섯째. 약속: 스스로에게 소리 내어 약속한다. "나는 오늘부터 매일 최소 5분 탁틸케어를 한다."

여섯째. 기록: 지금 당장 스마트폰 메모나 수첩에 적는다. 탁틸케어 시작일: (오늘 날짜) / 첫 실천: 자기 손 3분 / 느낌: (당신이 느낀 것)

일곱째. 공유: 오늘 만난 사람 중 한 명에게 이야기한다. "오늘 탁틸케어에 대해 배웠는데 신기하더라.", "마음이 평안해졌어!"라고 말해보자.

당신은 이미 시작했다. 이 책을 여기까지 읽었다면, 당신은 호기심을 가졌고, 시간을 투자했으며, 배우려는 의지를 보여주었다. 이제 남은 것은 실천뿐이다.

나는 믿는다. 이 책을 읽고 1년 후에도 탁틸케어를 꾸준히 실천하고 있을 것이라고. 1년 후 우리가 다시 만난다면, 당신은 제게 이렇게 말해줄 것이다. "치매 걸린 저희 어머니가 이제는 제 손을 기다려요.", "저를 괴롭히던 불안장애가 많이 나아졌어요.", "우리 가족이 전보다 가까워졌어요.", "제가 탁틸케어 동호회를 만들었어요!"

나는 그 이야기를 듣고 싶다. 당신의 변화, 당신이 만들어 낸 변화를 기다린다. 그때까지 멈추지 맙시다. 매일 조금씩, 꾸준히, 당신의 작고 따뜻한 손길이 이 순간에도 세상을 아름답게 만들 수 있다는 것을 멈추지 맙시다.

부록: 당신만의 탁틸케어 실천 체크리스트

☐ 오늘 자기 탁틸케어 5분 완료

☐ 가족에게 탁틸케어 제안 또는 실제로 해주기

☐ 탁틸케어 일지 작성 시작

☐ 동료 학습자 또는 친구나 가족과 경험 나누기

☐ 일주일 실천 계획 수립 (언제, 누구에게, 어떻게?)

☐ 한 달 목표 설정 (구체적이고 실천 가능?)

☐ 3개월 후 재평가 일정 정하기

☐ 탁틸케어 도구(보습 오일, 크림 등) 준비 및 가까운 곳에 배치

☐ 탁틸케어 실천을 위한 나만의 공간 또는 시간 마련

☐ 배운 것을 누군가에게 이야기하거나 가르쳐 주기

지금 시작하십시오. 당신의 손이 곧 기적을 만들 것입니다.

실수를 두려워하지 말라. 나 역시 수많은 시행착오를 겪었다. 그 실수들이야말로 지금의 나를 만든 가장 소중한 자산이다.

학습자들을 진심으로 사랑하라. 그들 한 명 한 명이 당신에게 맡겨진 보물이다. 그들의 성장이 바로 당신의 성장이고, 그들의 변화가 바로 세상의 변화다.

마지막으로, 이 길이 때로는 외롭고 힘들 수도 있다는 것을 알고 있다. 하지만 포기하지 말라. 당신이 심은 씨앗들이 언젠가는 반드시 꽃을 피울 것이다. 그리고 그 꽃들이 또 다른 씨앗이 되어 더 많은 곳에서 피어날 것이다.

따뜻한 손길로 세상을 바꾸는 일, 이보다 더 아름답고 의미 있는 일이 또 있을까!

당신의 여정에 응원과 격려를 보내며.

실천하라, 쌓이면 역사가 된다!

한 강 종
JK비전경영연구소 대표
노사발전재단 일터혁신 컨설턴트
윈윈공정변화컨설팅 성품 트레이너
한국코치협회 전문코치(KPC)

파트 1.
마음을 여는 DNA:
강의는 '정보 전달'이 아니라
'문 열기'다

강의는 말하는 기술의 문제가 아니다. 닫힌 마음을 여는 일이다. 강의의 첫 10분이 모든 것을 결정한다는 말이 괜히 생긴 게 아니다. 아무리 훌륭한 지식과 자료를 가지고 있어도, 학습자의 마음이 닫혀 있다면 아무것도 들어가지 않는다. 반대로 마음이 열리면 작은 말 한마디드 그들의 삶을 움직인다.

경력 강사라면 이미 아는 사실일 것이다. 하지만 우리가 현장에서 종종 잊는 건 이것이다. 강의는 '시작'에서 끝난다. 시작이 성공하면 나머지는 반 이상 끝난 것이고, 시작이 실패하면 끝까지 힘만 빠진다.

그렇다면 어떻게 문을 열 것인가. 나는 세 가지를 항상 염두에 둔다.

첫째, '공감의 언어'로 시작하라. 사람들은 강의의 내용을 듣기 전에

'이 사람이 나를 이해하는가?'를 본다. "요즘 여러분도 이런 고민 많으시죠?"라는 한 문장이 장벽을 무너뜨린다. 공감은 기술이 아니라 태도다. '당신의 입장에서 본다.'라는 진심이 전해지는 순간, 마음의 문이 스르르 열린다.

둘째, '이야기'로 초대하라. 정보는 머리를 두드리지만, 이야기는 가슴을 두드린다. 나는 늘 강의 초반에 실화를 꺼낸다. 예컨대 한 중소기업 대표가 '작은 습관 하나'를 바꿔 회사 문화를 바꾼 이야기를 던진다. 학습자는 그 순간 이 강의를 '이야기 속에서' 듣기 시작한다. 그들은 이론을 배우려는 것이 아니라 자기 문제를 해결하려는 것이다.

셋째, '작은 성공 경험'을 선물하라. 나는 초반 10분 안에 반드시 참여형 질문을 던진다. "오늘 이 자리에서 여러분이 꼭 얻어가고 싶은 한 가지는 무엇입니까?" 손을 들어 말하게 하는 것만으로도 '나도 이 강의의 일부다'라는 감각이 생긴다. 마음을 연다는 건 결국 '나도 참여하고 싶다'는 내적 동기를 만드는 일이다.

기억하라. 강의는 문을 여는 기술이다. 문이 열리지 않으면, 지식은 들어가지 않는다.

[사례]
한 번은 지방 중소도시의 공무원 대상 강의에서, 대부분 '또 하나의 의무교육'이려니 하는 표정이었다. 나는 "요즘 보고서 쓰면서 스트레스를

받는 분, 손들어 보세요"라고 말하자 웃음이 터졌다. 이어 "그럼 오늘은 스트레스를 줄이는 보고서 한 문장 비법만 가져가세요."라고 하자, 그들의 시선이 내게로 집중됐다. '이 강사는 우리를 이해하고 있구나' 하는 공감이 전해진 순간, 강의는 열린 문으로 바뀌었다.

마음의 온도를 높이는 3단계 전략

경력 강사일수록 강의 자료를 다듬는 데 시간을 많이 쓴다. 그러나 진짜 중요한 건 내용보다 분위기다. 강의는 차가운 지식을 녹이는 따뜻한 불쏘시개여야 한다. 나는 강의 초반에 다음 3단계를 설계한다.

1. 거울 세우기 - 학습자 스스로 비추게 하라.

"여러분도 최근 이런 경험 해보셨나요?"라는 질문이 학습자의 뇌를 각성시킨다. 수동적으로 듣던 사람도 자기 이야기가 나오면 집중한다. 거울은 그들의 삶을 비춰주는 도구다.

2. 공감 다리 놓기 - '나도 당신과 같다.'라는 메시지.

"저도 처음에는 같은 어려움을 겪었습니다." 이 한마디는 강사와 학습자를 같은 선상에 세운다. 상대가 나를 '전문가'로만 보면 거리를 두지만, '같은 길을 걸어온 사람'으로 보면 귀를 연다.

3. 비전 불씨 붙이기 - '이걸 배우면 달라진다.'라는 확신.

배움에는 이유가 필요하다. 나는 초반에 "오늘 이걸 깨달으면 내일 당신의 일이 이렇게 달라질 겁니다"라는 미래를 보여준다. 사람은 미래를 보고 움직인다.

마음을 여는 일은 기술이 아니다. 태도이며, 설계이며, 순서다

[사례]

제조업 현장 관리자 교육에서 피곤한 표정의 학습자들에게 "오늘도 새벽에 출근하신 분 손들어 주세요."라고 하자, 몇 명이 손을 들었다. "그런데도 배우겠다고 이 자리에 온 것 자체가 이미 변화의 시작입니다."라고 말하자, 표정이 풀리고 미소가 번졌다. 마음의 온도는 그렇게 서서히 올라간다.

파트 2.
지식을 행동으로 바꾸는 DNA: '알았다'에서 '해봤다'로 옮겨라

강사들이 가장 자주 하는 착각이 있다. "좋은 내용을 알려주면 알아서 행동하겠지."라는 믿음이다. 그러나 현실은 다르다. 아무리 유익한 지식을 전해도, 행동으로 연결되지 않으면 그것은 '정보'일 뿐이다.

강사의 역할은 단순히 알려주는 것을 넘어, 움직이게 만드는 것이다. 그러려면 강의 설계부터 달라져야 한다.

작게 쪼개라. "변화"라는 큰 말을 던지지 말고, "오늘 안에 할 수 있는 한 걸음"으로 쪼개야 한다. 예를 들어 "이번 주에 한 사람에게만 이 방식을 시도해 보세요" 같은 제안은 부담을 줄인다.

즉시 써보게 하라. 설명 후 5분 안에 실습을 시키는 것이 핵심이다. '들었다'와 '해봤다'의 차이는 하늘과 땅이다. 나는 40분 강의라면 최소 2번의 즉시 실습을 넣는다.

과정을 칭찬하라. 결과보다 시도 자체를 인정하면 학습자는 다시 움직인다. "해본 용기가 중요하다."라는 메시지를 주는 순간, 행동은 반복된다.

지식은 잠시지만, 행동은 기억으로 남는다.

[사례]

나는 실천의 힘을 누구보다 믿는다. 매일 '계단 오르기'를 하며 올해 목표 365회를 향해 나아가고 있다. 하루 5분의 오름이지만, 300회를 넘기며 느낀 건 단순한 체력이 아니라 '꾸준함의 근육'이다. 이 경험은 강의에서도 그대로 쓴다. 학습자에게 말한다. "여러분, 하루 한 번의 실천은 사소하지만, 365번 모이면 기록이 되고, 기록이 쌓이면 역사가 됩니다." 그러면 사람들의 눈빛이 달라진다. 그 말이 공감이 아니라 실천의 증거에서 나왔음을 느끼기 때문이다.

현장이 가르쳐준 실천법

20년 동안 수백 개의 조직과 함께하며 깨달은 한 가지는 이것이다. "배우는 것보다 해보는 것이 10배 오래 남는다." 그래서 나는 다음 세 가지 원칙을 적용한다.

1. '5-10-5' 구조를 만들라.

5분 개념 - 10분 실습 - 5분 피드백 구조다. 이 구조는 어떤 주제에도 적용된다. 듣고, 해보고, 돌아보는 흐름이 있어야 지식이 몸이 남는다.

2. 현장 사례를 끌어와라.

개념만 말하면 "좋은 말이네"로 끝난다. 하지만 "어제 제가 컨설팅한 회사에서 실제로 이런 일이 있었습니다"라고 하면, 학습자는 자기 상황과 연결해 생각한다. 강의는 추상이 아니라 현실이어야 한다.

3. 작은 약속을 받으라.

"이번 주 안에 오늘 배운 것 중 하나만 실천하겠다고 스스로 약속해 보세요." 이 약속은 단순하지만 강력하다. 약속은 책임감을 만들고, 책임감은 행동을 낳는다.

강사는 말하는 사람이 아니라 움직이게 만드는 사람이다.

[사례]

나의 강의 중 '사자성어로 배우는 리더십'은 언제나 반응이 뜨겁다. 이미 500편이 넘는 사자성어 영상을 유튜브에 올리며 느낀 것은, 매일의 축적이 '말의 힘'을 만든다는 것이다. 강의 때 "여러분, 저도 대일 사자성어 이야기를 올립니다. 500개가 쌓였어요. 처음엔 단 5명만 봤지만, 지금은 수천 명이 봅니다. 중요한 건 시작과 지속입니다."라고 말하면 학습자들은 박수 친다. 그들은 '지속의 설득력'을 눈으로 본 것이다.

파트 3.
성장을 지속시키는 DNA:
강의가 끝난 후가 진짜 시작이다

강의의 품질은 끝난 순간이 아니라 끝난 후에 얼마나 남는가로 판단해야 한다. 배운 것을 잊지 않고 습관으로 만들게 하려면, 강의 이후의 설계가 필수다.

나는 늘 세 단계를 따라간다.

반복(Repeat): 학습자가 배운 것을 반복할 수 있는 장치를 만든다. 예컨대 "오늘 내용을 3줄로 정리해 친구에게 설명해 보라."라는 과제가 반복을 유도한다.

점검(Check): 일주일 안에 점검 메시지를 보낸다. "지난주 실천해 본 것 중 하나만 공유해 주세요"라는 메일 한 통이 학습자를 다시 깨운다.

확장(Expand): 잘된 경험을 더 크게 확장시킬 기회를 준다. 예컨대 "다음 달에는 이걸 팀 단위로 적용해 보자."라는 식이다.

강의는 수업이 끝날 때 끝나는 것이 아니라, 학습자가 실천을 시작할 때 비로소 완성된다.

[사례]

나는 2019년부터 하루도 빠짐없이 음악 영상을 만들어 다음카페에 올리고 있다. 벌써 2,400편이 넘었다. 처음엔 '누가 보겠어'라는 생각으로 시작했지만, 지금은 그 꾸준함이 사람들의 마음을 울린다. 나는 강의에서 이 이야기를 전한다. "작은 일이지만 매일 하면 작품이 되고, 작품이 모이면 역사가 됩니다." 수강생들이 "선생님, 저도 하루 하나씩 실천을 기록하겠습니다"라며 따라 하기 시작한다. 강의는 그렇게 이어진다.

성장하는 학습자를 만드는 강사의 뒷심

성장을 지속시키는 강의는 '혼자 두지 않는다'. 후속 연결고리를 설계하고, 작은 공동체를 만들고, 기록하게 한다.

후속 학습 동선을 설계하라. 자료 링크, 추천 책, 다음 단계 가이드 등을 제공하면 학습의 흐름이 이어진다.

성공 경험을 기록하게 하라. "지난 2주간 가장 잘한 실천은 무엇입니까?" 같은 질문은 행동을 성찰하게 한다. 성찰은 습관을 낳는다.

작은 커뮤니티를 만들어라. 수강생끼리 실천 사례를 공유하면 학습은 '습관'을 넘어 '문화'가 된다. 나는 종종 강의 후 4주간 온라인 그룹을 운영해 학습자끼리 피드백을 주고받게 한다.

강사는 전달자가 아니라 동반자다. 그들의 성장 곁에 남아있어야 한다.

[사례]

한 지방 공공기관 교육 후, 수강생들이 '실천 인증 밴드'를 만들었다. 각자 하루 실천 사진을 올리고 서로 격려했다. 나는 거기에 내 '계단 오르기' 인증 사진을 함께 올렸다. 그들이 말했다. "선생님이 같이 올려주시니 저희도 멈출 수 없네요." 학습은 그렇게 '함께 실천하는 문화'가 될 때 비로소 뿌리내린다.

실천의 역사가 당신의 강의를 증명한다

강사의 말은 잊힌다. 그러나 학습자의 행동은 남는다. 우리가 세워야 할 기준은 단 하나다. "그들이 움직였는가." 마음을 열고, 행동을 만들고, 습관을 남기는 것. 이것이 20년차 강사의 실천 DNA다.

지금 이 글을 덮고 곧바로 시도해 볼 한 가지를 제안한다.

다음 강의에서 초반 10분 안에 학습자의 마음을 여는 질문을 반드시 하나 던져라. 그 질문 하나가 강의장의 공기를 바꾸고, 공기가 바뀌면 행동이 달라진다. 행동이 달라지면 역사가 쌓인다.

강의는 지식을 전하는 일이 아니다. 사람을 움직이는 일이다. 그리고 움직임이 쌓일 때, 비로소 당신의 강의는 '역사'가 된다.

매일의 한 걸음이 만든 나의 역사

사람들은 종종 '한 번의 큰 성공'을 이야기하지만, 나는 '작은 반복'이 쌓여 만든 역사를 믿는다. 내 삶의 가장 단순하고 강력한 실천은 '계단 오르기'였다. 처음엔 단순한 건강 습관이었다. "오늘은 귀찮으니까 내일 하지 뭐." 그렇게 미뤘던 날들이 많았다. 하지만 어느 날 문득 생각했다.
"실천은 결심이 아니라 반복이다."

그날 이후 나는 '365일 계단 오르기 프로젝트'를 세웠다. 하루라도 빠지면 1년의 흐름이 끊긴다는 생각으로, 비가 와도, 강의가 있어도, 심지어 출장 중에도 호텔 계단을 찾았다. 올해 목표는 365회. 10개월이 지나고 있는 지금, 내 노트에는 365회를 향한 숨 가쁨의 체크 표시가 쌓여 있다.

매일 오르는 계단은 그저 높낮이가 아니라 '나 자신을 이기는 기록'이 되었다. 처음엔 다리의 통증이, 그다음엔 '오늘은 쉬자'는 유혹이 나를 시험했다. 하지만 올라설 때마다 내 안의 게으름을 하나씩 이겨냈다. 실천은 몸의 근육보다 의지의 근육을 단련시킨다.

쌓임의 힘 - 유튜브 500개의 이야기

나는 또 하나의 실천을 이어가고 있다. 매일 '한강코치' 유튜브 채널에 사자성어를 이야기로 풀어내는 영상을 올리는 일이다. 처음엔 단 한 편의 롱폼 영상을 올리는 것도 두려웠다. "누가 봐줄까?", "완성도가 부족하면 어쩌지?" 그러나 '완벽보다 실천'을 선택했다.

그 결과, 어느새 영상이 500편을 넘어섰다. 매일 사자성어를 공부하고, 그 뜻을 이야기로 풀며, 롱폼과 쇼츠로 나누어 올렸다. 조회수가 많지 않은 날도 있었지만, 중요한 건 '기록'이었다. 컴퓨터 앞에서 혼자 말하던 나의 목소리가, 시간이 쌓이자 '콘텐츠의 역사'가 되었다.

500여 개의 영상은 단순한 데이터가 아니다. 그 안에는 '매일의 나'가 담겨있다. 아침의 햇살, 콘텐츠 제작 전의 긴장, 나레이션 하며 중얼거렸던 한숨… 그것들이 모여 '한강코치'라는 브랜드의 신뢰가 되었다.

사람들은 "어떻게 그렇게 꾸준히 하세요?"라고 묻는다. 나는 웃으며 대답한다. "그냥 오늘도 올립니다. 내일도 올릴 겁니다." 실천이란 대단한 결심이 아니라, 습관이 될 때까지의 성실한 반복이다.

실천이 역사를 만든다.: 누적의 철학

돌아보면 내 인생의 중요한 전환점들은 '큰 결심'이 아니라 작은 실천의 누적이었다.

　강의 현장에서 매번 수강생에게 던지는 질문이 있다.
　"오늘 배운 것 중, 지금 당장 해볼 수 있는 건 무엇입니까?"
　그 질문은 사실 내 자신에게 던지는 말이기도 하다.

　하루의 실천은 작아 보이지만, 10년이 지나면 그것이 '경력'이 되고,
20년이 지나면 '철학'이 된다. 강사로서의 나, 유튜버로서의 나, 코치로서
의 나는 모두 '쌓임의 산물'이다.

　· 매일의 계단 오르기가 내 몸을 만들었다면,
　· 매일의 영상 올리기가 내 생각을 정리시켰고,
　· 매일의 사자성어 공부가 내 언어의 깊이를 만들어 주었다.

　이것이 바로 내가 말하는 '실천의 역사'다.

실천을 문화로 - 함께 걷는 사람들

　이제 나의 실천은 개인의 습관을 넘어 사람들을 움직이는 문화가 되었
다. 유튜브 댓글에 "선생님 덕분에 오늘 처음으로 사자성어를 외웠어요",
"하루 한 편 영상이 제 루틴이 되었어요"라는 메시지가 달릴 때마다 느낀
다. '아, 나의 실천이 누군가의 시작이 되었구나.'

그때 깨달았다. 실천은 혼자 하는 것이 아니라 함께 이어지는 불씨라는 것을. 그래서 나는 이제 "오늘 한 걸음"을 넘어, "우리의 백 걸음"을 꿈꾼다.

계단 오르기와 영상 업로드, 그리고 매일의 글쓰기.
이 모든 실천이 결국 '한강코치'라는 유튜브 채널의 역사를 써내려 가고 있다. 역사는 거창한 사건으로 만들어지지 않는다. 매일의 한 문장, 한 장면, 한 걸음이 역사를 만든다.

실천하라, 쌓이면 역사가 된다!

나는 오늘도 계단을 오른다. 그 한 걸음이 내일의 나를 만들고, 그 영상을 올리는 손끝이 사람들의 마음에 닿는다. 역사는 거창한 기록이 아니라, 매일의 반복 속에서 쌓이는 시간의 증거다. 그 증거를 남기는 일이 곧 우리의 사명이다.

그러니 오늘도 묻자.
"오늘, 당신은 무엇을 실천했는가?"
당신의 오늘이 쌓여 내일의 역사가 된다.

실천하라. 쌓이면 역사가 된다!